何を捨て
何を残すかで人生は決まる

JN265257

本田直之

青春新書
INTELLIGENCE

はじめに――人生を身軽に生きるには

あなたは今の働き方、暮らし、人間関係、収入と支出に満足していますか？

気がつくといつの間にかスケジュールが埋まり、自分のために使える時間が減っている。自分の暮らす部屋を眺めると「なぜ買ったのかよくわからない物」がいくつも転がっている。いつの間にか付き合う人の多くが、仕事の関係で顔を合わせている人ばかりになっている。忙しく働いているのに、金銭的な余裕を感じられない……。

学校を出て、仕事を始め、充実していた日々のはずだったのが、ふと立ち止まった時に「何かが違う」と感じてしまった。仕事や人間関係を抱え込みすぎて息苦しくなっている。もし、あなたがそんな違和感に悩まされたことがあるなら、この本を読み進めてください。

ここで伝えたいのは、自分らしく自由に生きることです。わたしはそれを「持たない生き方」と名付けました。

持たない生き方とは、**持ち物を減らす断捨離やミニマリズム、シンプルライフなどと**

いった暮らしのスタイルやノウハウではありません。大事なのは、物を減らすことではなく、自分にとって必要なモノを見極め、それを選び取り、見た目ではない豊かさを手に入れること。

つまり、自ら考え、選択し、幸せに、自由に暮らしていく生き方の提案。それが持たない生き方です。

例えば、どうしても早起きをしたくない。満員電車にだけは乗りたくない。人から見ればわがままに思えるような「したくないこと」を本気で、自分の人生から取り除きたいとしましょう。

あなたがそこに幸せを感じるなら、そのために何を持ち、何を持つべきではないかを考え、選択していくことです。

早起きをしたくなくて、満員電車に揺られたくないのなら、朝9時に始業する会社勤めは避けなければなりません。では、いわゆる普通の会社の社員とならずに生きていくためにはどうしたらいいのでしょうか。

どういうふうに時間を使い、自分を成長させ、どんな人と付き合い、いかに働いて稼いでいけば、幸せを感じられる状態にたどり着けるのか。真剣になればなるほど、自分にとって大切なモノと、そうではないモノの違いを明確にする必要が生じます。

そして、いらないと思ったら世間の常識に反していてもスパッと手放すことです。つまり、捨てる勇気を持ち、実践すること。それができた時、人は「自分は自由に幸せに生きている」と実感できるのです。

世の中に溢れる「ノイズ」とどう付き合うか

しかし、現実のわたしたちの暮らしを見回してみると、周囲には判断を鈍らせるノイズが溢れています。

「物」にまつわる行動だけを見ても、東京や大阪といった大都市はもちろんのこと、日本中どんな地方に行ってもコンビニがあり、ロードサイドには大型の小売店が並び、インターネットで買い物をすれば全国どこにいても同じ商品を手に入れることができます。

あれも欲しい、これも欲しい。物を手に入れた時に感じる一瞬の充足感を追い求めると、物欲には限りがありません。そして、あれも欲しい、これも欲しいに引っ張られると、結果的にライフスタイルも変化していきます。

なぜなら、物を追いかける暮らしには相応の経済力が必要になってくるからです。


物を買うために、たくさん稼ぐ。

やりたくない仕事もする。

稼いだら、ご褒美として使ってしまう。

欲しかった物が手元に残る。

でも、どこか満たされない。

そこで、次の欲しい物をみつけ、また稼ぐ。


欲望は際限なく広がっていきます。

このサイクルの先に、幸せはあるのでしょうか？

ＣＭやメディアからの情報、マスマーケティングによって欲望を刺激され、働き方、暮らし方を左右される生き方が、あなたらしい人生でしょうか？

欲望の対象がぼんやりと広がれば広がるほど、持たない生き方を実践するのは難しくなっていきます。今、あなたの生き方の基盤となっている価値観にしても、それは本当に自分で築き上げたものでしょうか。

大事なのは「何を捨て、何を残すか」を決断する「自分」を取り戻すこと

こうした罠から抜け出すためには、まず、当たり前とされてきた常識を疑うことです。かつて……と言ってもほんの10年前までは、一生懸命働いて、たくさん稼ぎ、たくさんお金を使うことが幸せの1つの形でした。

しかし、今の日本は物質的にほぼ何もかも揃った状態になっています。

この先、高級車やマイホームを手に入れるため、長い通勤時間に耐え、ストレスフルな仕事や人間関係を続けたとしてもその先に幸福感や満足感はないのではないか……。

これは草食系と呼ばれる若者をはじめ、若い世代にとって当然の感覚になっています。物を追い求め、抱え込みながら続けていく暮らしは、時間や住む場所、仕事などさまざまな制約に縛られて生きることでもあります。

こうした縛りから逃れ、何かが違うという違和感から解放されるためには、「いらないモノ」をあらかじめ決めておくことが重要です。

あなたが「いるか、いらないか」「やるか、やらないか」「持つか、持たないか」「会うか、会わないか」を選ぶ力は、誰も奪うことができません。もし、仮に今のあなたが自分で選択する力を失っているとしたら、それはあなた自身が手放してしまっているだけではないでしょうか。

持たない生き方にとって大切なのは、自分で選択しているかどうかです。

もし、あなたが何を望んでいるか明確にわからないのなら、まずは「やりたくないこと」だけを紙に書き出してみましょう。

ルールはシンプルです。

「何々だけはしたくない！」と叫んでいる、心の声に耳を傾けてみてください。

自分で家を出る時間を決められない暮らしはしたくない。

満員電車に揺られたくない。

愛想笑いと気疲ればかりの飲み会には出たくない。

ローンを払うためだけの労働はしたくない。

他人を蹴落とすことは考えたくない。

その結果、物のないシンプルな暮らしをあなたが選び、実践しているなら、それも持たない生き方であり､逆にこれだけは集めると決めたコレクションを眺める時間が幸せなら、それもまた持たない生き方と言えます。

ムダを削ぎ落とすには「実験」が必要だ

何を捨て、何を残すか。この選択を実行に移すために役立つ考え方が「実験」です。

例えば、都心の会社で働く人が「海の側で暮らしたい」と願っているとしましょう。思い切って海の側に引っ越してしまうという手があります。また、家賃の安い地方の物件を借り、週末だけ海の側で過ごすという方法や、逆に海の側の町に仕事を見つけるという道もあるでしょう。

しかし、現実にはいくつもの選択肢を思い浮かべながらも行動に移さず、時間が流れてしまうケースが多いのではないでしょうか。

そこで、「実験」を始めてしまうのです。海の側にどんな賃貸物件があるか、ネットで調べ、現地に行き、見学するのも小さな実験です。そして、半年だけ借りてみて都会と海辺の週末デュアルライフを始めてみる。その体験は、本人に次の実験の必要を感じさせてくれます。

本気で海の側にいたいと実感できれば、仕事を変えること、さらには生き方を変えることまで視野に入ってくるかもしれません。

他にも、「オフィスに向かう通勤経路を変えてみる」「1ヶ月の生活費を今の半分にしてみる」「年に1回ネット環境のない場所で過ごしてみる」「部屋の中にある物を徹底的にいる、いらないで分別する」「飲み会の二次会には行かないと決める」など、生活に変化をつけるこういった試み1つ1つが、小さな実験です。

仕事も、お金も、人間関係も、あえて新しいやり方、考え方を試してみることで自分にとって何が必要で、何が必要でないかが見えてくる。人生は1つの壮大な実験です。正解でも不正解でも、成功でも失敗でも、そこで得た経験はあなたの財産となります。

一方で、何かを手に入れる時には、相応の努力や痛みが伴います。

例えば、「満員電車での通勤から解放されたい」という願いを叶えるためには、「より早く起きて混む前にオフィスへ行く」「オフィスで働くというスタイルを変えてしまう」といった選択肢が思い浮かびます。

どの道を試すにしろ、あなたが自分で決め、行動しなければ始まりません。そして、不都合が生じた時も受け止める覚悟が必要です。

「誰かにやらされている」という発想では、生き方を変えていくことはできません。

時間が足りないからできない。物が多すぎて決められない。人間関係がわずらわしい。今、抱えている不満や不足、息苦しさを変えられるのは自分だけです。生き方を変えるためには、矢面に立つ覚悟が欠かせないのです。

このように生き方にまつわるあらゆる局面で、「何を捨て、何を残すか」を自分の価値観に照らしあわせ、選択していくこと。この決断が、あなたの人生を形作っていくのです。

時代から取り残された島が、今、時代の先頭に立っている

じつは、持たない生き方そのものは目新しいライフスタイルではありません。というのも、その成功例がすでにあちこちにあるからです。

例えば、日本海側にせり出した島根半島の沖合約60キロに浮かぶ隠岐《おき》諸島。その島の1つに、島根県海士町《あまちょう》があります。東京からは飛行機、バス、フェリーを乗り継ぎ、約6時

間。わたしが以前、訪れた時は天候不良のため、12時間かかったこともありました。

東京からホノルルは約7時間。言わば、ハワイよりも遠い島の人口は2400人ほど。コンビニもなければ、ショッピングモールもない小さな町です。

2007年、北海道の夕張市が破綻。財政再建団体へ移行するというニュースが報じられた時、次に財政破綻するのは海士町だと囁かれたこともありました。

これといった産業はなく、若者は島を出て行き、高齢化が進み、人口は減り続け、活気は失われていく。日本全国各地で起きている過疎化の波に飲み込まれていたのです。

ところが、今、この小さな島の町に東京や大阪といった大都市圏から20代、30代、40代の働き盛りの男女が移住するという流れが生じています。

それは一過性のものではなく、移住者は約2400人の人口の約1割を占め、少子化で統廃合寸前だった高校にも全国から生徒が入学し、学級増という異例の事態が起きているのです。


海士町で何が起きたのでしょうか。

そのヒントは、フェリーで島に降り立つとすぐに目に飛び込んでくる、町のキャッチフレーズにあります。

「ないものはない」

一見、開き直りのように思えるキャッチフレーズですが、そこには2つの意味が込められています。

1つは、長い月日を経て積み重ねてきた豊かな自然の恵み、人とのつながりや自給自足の生活といった温かなコミュニティなど、海士町だけが持っているオリジナリティ。本当に必要なモノは充分ある「ないものはない」という意味です。

もう1つは、都市圏に溢れかえる物や流行、一時的な娯楽など「なくてもよい」という意味です。

モールを誘致できたわけでもなく、大都市圏のような豊かさからは置いていかれることとなった海士町の人たち。一旦は最後尾となったものの、そこで町の人たちは自分たちの求める豊かさを再確認しました。

すると、**持ちすぎることのなかった町には、大都市圏にはないオリジナリティが残っ**

ていたのです。

そこで、海士町の人たちは、はっきりと「ないものはない」と宣言。それがいかに豊かなものであるかをアピールしました。すると、少なくない人たちが、そのメッセージを自分の価値観にぴったり合うものだと感じ、小さな町へ目を向け始めたのです。

大都市圏にはない幸せな生き方がそこにある。人々の価値観の変化によって、破綻寸前の最後尾にいた町は、移住者の絶えない最先端の町へと変貌したのです。

なぜ、「なんにもない」町が時代の最先端となったのか

こうした変化は、何も海士町に限って起きている話ではありません。

わたしは最近、『脱東京 仕事と遊びの垣根をなくす、あたらしい移住』という本を出しました。

その取材で東京から各地方へ移住した感度の高い人たちの話を聞いてみると、それぞれが、「シンプルな生活や自分にとって幸せを感じる暮らしとはなにか?」を追求し、仕事、人間関係などあらゆるしがらみを持ちすぎる暮らしから抜け出すことを選択していたのです。

価値観の変化はゆっくりとですが、確実に進んでいます。持たない豊かさが人を惹きつけ、持たない暮らしを選ぶ流れは、単なる流行ではなく、人々の根本的な生き方として定着していくことでしょう。

これは一度、物質的な豊かさを経験したからこそ、気づけたことです。大量生産、大量消費の資本主義が当たり前になったのはほんの数十年の話に過ぎません。物がない時代、人々は便利さを追い求め、テクノロジーを進化させていきました。しかし、物が溢れかえった今、わたしたちは人の暮らしの本質は持たない暮らしにあると気づき始めたのです。

持たない生き方を身につけることが、あなたの価値を高めていく

これからは何かを集めるのではなく、減らし、削ぎ落としていく感覚と、自分にとって本当に必要かどうかを見極める能力が重要になってきます。そのためには、自分の柱となる価値を知ることが欠かせません。

なぜなら、「自分のライフスタイルで重要なモノはなんなのだろう?」と見極められないままでは、やみくもにあれが欲しい、これが欲しいと感じる欲を手放せないからです。

持たない生き方を実践するには、自分の価値観を持つことが必要になります。

わたしの場合、「仕事と遊びの垣根をなくすこと」「好きな時に好きな場所で生活しながら、仕事をすること」が中心にあり、そのテーマを柱に「持つ、持たない」を選んでいます。

例えば、旅するように暮らすには、決まった場所に通勤することも、すごいクルマを持つことも、豪邸を手に入れることも、定住する場所とそれにまつわる人間関係すらも邪魔になるだけです。

では、どうしたら「仕事と遊びの垣根をなくすこと」「好きな時に好きな場所で生活しながら、仕事をすること」を実現できるのか。行動しながら問題にぶつかり、いらないモノを削ぎ落とすうち、気づけば持たない生き方になっていました。

とはいえ、すでに多くのしがらみを持つ人が、これから新たに自分の価値観を貫くのはなかなか難しいものです。そこで、本書には身近な取り組みから持たない生き方を始められるヒントを盛り込みました。いきなり100点満点を目指すことはありません。まずは、取り掛かれそうなところから試してみてください。

これからは海士町のような独自色のある町と同じく、個々人もぶれないオリジナリティを貫く人が注目され、評価される時代になっていきます。

例えば、商店街が廃れ、コンビニばかりになってしまった街、モールしかない郊外は元々持ち合わせていたオリジナリティを手放しています。今は夜の闇を煌々と照らすコンビニやモールが、人々を集めていますが、この先、10年、20年後にはどうでしょう？

どこにでもある当たり前のモノを増やした結果、地元に息づいていたオリジナリティは失われ、魅力のない過疎地域となってしまうかもしれません。

人への評価も同じで、変化の大きな時代だからこそ、オリジナリティを大切にしながら持つ、持たないを見極め、生きていくことが重要です。

他人の常識から飛び降りて、自分の価値観を信じて進んでいきましょう。

そうやって確立した持たない生き方が個性となり、評価される。あなたもわたしもそんな時代に生きているのです。

本書があなたにとってのベストな生き方、働き方を送る助けになれば最高です。

何を捨て　何を残すかで人生は決まる　目次

第2章 「なくてもいい物」を持たない

第3章　「必要以上のつながり」を持たない

第4章 「やらなくていい仕事」を持たない

第5章　「振り回されるほどのお金」を持たない

第1章

「人生を縛る常識」を持たない

「他人の目を気にする」ことのリスクを知ろう

わたしはMBAを取るためにアメリカへ留学してすぐ、すごく気が楽になっているのに気づきました。

というのも、アメリカの社会は「自分と他の人の意見が違うのは、当たり前」という前提で成り立っていたからです。日本ではどうしても個人よりも世間の価値観を優先するような風潮があります。

例えば、誰かがスキャンダルを起こし、それを世間が悪いと判断すると、擁護する少数派の声は異質なものとして排除されていきます。

一方、アメリカではさまざまな人種が集まって暮らしているので、思考の幅も価値観もいろいろです。全員の意見が一致することなど最初からないという前提があり、Aさんの考え方も、Bさんの考え方も尊重しながら、議論をする土壌があります。

大多数対少数というぶつかり合いになったとしても、どちらかが排除されることは少なく、「どちらの意見もOKだよね」とした上で、決着を付けなければいけない時は法に従った判断が下されます。

それは自分らしいライフスタイルを作りたいと考えていたわたしにとって、とても居心地のいい社会でした。なりふりかまわず勉強していて、風変わりなヤツだなと思われても「あれが彼のスタイルだ」と尊重されるわけです。

ところが、日本では人と違う生き方をしようとすると、異質な存在として周りから非難されることがあります。また、日本で生まれ育つうち、自然と周りの人と合わせなければいけないという感覚も育まれてしまうのです。


周りから「いい人」だと思われたい。そう思って他人の目を気にしてしまう人がいます。

周りから「非常識な人」だと思われたくない。そう思って他人の目を気にしてしまう人もいます。

周りから「あの人は変わっている」と後ろ指をさされたくない。そう思って他人の目を気にしてしまう人もいるでしょう。

たしかに、誰からも愛される「いい人」であることは大切だと思います。**しかし、いい人ぶってみたり、常識人であろうと過剰にがんばったり、周りに気を使いすぎて自分**

の意見が言えなかったりするのは、やり過ぎです。

周りを気にして自分の行動を変えてしまったり、他人と自分を比べてしまうようでは、あなたらしいライフスタイルを作ることはできません。なぜなら、他人と自分を比較することは、周りと同じでありたいという思考がベースにあるからです。

他人と自分を比べて、「自分はあの人のようにできない」などと考えるのは、誰かの作った価値観で自分を縛っているのと同じこと。それは自由を失う大きなリスクです。

人にどう思われてもいい、そう思えた時道が開ける

持たない生き方を実践していく上では、世間的な常識や幸せ観とはズレた行動を取らなければいけない場面がやってきます。周りには理解してもらえず、相手にしてもらえなくなる時期もあるでしょう。

それでも人生には覚悟を持って自分で決断し、突き進まなければいけないタイミングが必ずやってきます。

例えば、本書の「はじめに」で紹介した海士町も「ないものはない」と打ち出せるよう

になるまでには、紆余曲折がありました。

そのなかで、町長や町の職員の人たちが強い覚悟を持って、「ないものはない」と主張する路線を打ち出し、さまざまな新事業の資金を捻出するため、町長は給料を半分にし、町の職員も20％ほどカットして取り組んでいます。

それだけの覚悟を見せたからこそ、周囲の見方も変わり、協力態勢ができ、町全体が一体となっていったのです。そして、覚悟を持った人たちの集まりだからこそ、外から魅力的に見え、予想以上の変化が起きたのでしょう。

「おまえのやり方はおかしい」「世間はそんなに甘くない」といった言葉で折れてしまうような意志ならそこまでです。どんな決断もうまくいかない可能性があります。必ずうまくいく方法もありません。

自分らしいライフスタイルを築いていきたいと本気で思うなら、「人からどう思われてもいい」というくらいの覚悟を持つこと。**持たない生き方に必要なのは、「自分を持つ」という覚悟です。**

なぜ日本人だけが「平均」をここまで気にするのか

「6：3：3」

この数字はわたしの1年の過ごし方を表しています。6ヶ月ハワイで過ごし、3ヶ月日本で暮らし、3ヶ月はヨーロッパやアジア、オセアニアなど、世界を旅しています。仕事と遊びと旅と生活の境目は年々曖昧になり、場所や時間に縛られず、仕事をしながら遊び、遊びながら仕事ができるライフスタイルに近づいています。

講演などでこんな話をすると、「いいですね」とか「経営者だからできるんですね」といった感想が返ってくることが少なくありません。でも、本当にそうでしょうか？

こういうライフスタイルは、日本の常識で考えると難しいものでしょうか？

その常識とはなんでしょう。誰が作ったのでしょう。**その平均的な暮らしは自分ではない誰かにとって都合がよいことではありませんか？**

例えば、わたしの世代は子どもの頃からこんなライフスタイルが「幸せだ」と聞かされてきました。小、中、高と進み、いい大学に入り、安定した企業に就職。結婚したら会社から通勤しやすい距離に家をローンで買い、定年まで勤め上げる……。

この幸せ観に違和感を覚える若い人もいるでしょう。かつては違和感を覚えていたものの、気づけば自分もそんなふうに生きているというわたしと同世代の人もいるでしょう。

わたしは以前『7つの制約にしばられない生き方』という本で、わたしたちを知らずしらずのうちに縛っている「時間、場所、働き方、人間関係、思考、服装、お金」という7つの制約から自由になる生き方を提案しました。

会社で働いている人の多くは、たくさんの制約の中にいます。朝9時に決まったオフィスに出社し、仕事を進め、嫌な人と付き合うのも仕事ならば当たり前で、やりたい企画があっても前例のない提案はまず通らず、服装は基本スーツで、給料の額を決めるのは会社です。

こうした制約のすべてを捨てて、今すぐに会社を辞めて自由になろうとは言いません。衝動的な独立は生活の質を下げるだけで、豊かなライフスタイルからは遠ざかってしまいます。しかし、人生は一度きりです。

なんとなく「こういうものだ」と信じている常識を疑わず生きてしまうのは、もった

いないことではないでしょうか。常識的、平均的とされる幸せ観はそれとして、もし、なんの制約もなかったら、あなたはどんなライフスタイルで生きていきたいですか？

まずはイメージするところから始めてみましょう。

嫉妬するのは「楽」したいだけ

今、思い浮かんだライフスタイルと現在のあなたの生き方は一致しているでしょうか。向かっている方向はずれていませんか。もし、理想と現実がかけ離れているのなら、できるだけ早く軌道修正する必要があります。

そして、時間をかけて少しずつ目指すライフスタイルへ近づいていくことです。そのためにはまず、他人を気にする、平均を気にするという発想を手放していきましょう。

自分で考えて、行動する。矢面に立つような人生を送ることです。当事者になって精一杯やり始めると、周りの目や平均は気にならなくなります。

もちろん、あなたが周囲と違う価値観を持って動き出すと、足を引っ張る人も出てきます。でも、落ち込むことはありません。人は人でいい。全員の生き方が正解だと思って接していれば、腹を立てている時間がもったいないと思えるはずです。

例えば、周囲の人から嫉妬されたり、あなたが誰かを羨むことがあったとしましょう。嫉妬は自分が努力や行動をしないで、相手の弱みをあげつらってこちらのレベルまで下げようとする行いです。

本来なら相手に並び、追い抜くための行動や生活をすれば解決するものの、嫉妬している方が楽だから行動できない。でも、正しいのはいつも現実です。時代が悪い、世の中が悪いと言っていても状況は何も変わりません。

現状を理解し、分析すれば、必ず「なぜそうなったか」という原因があります。それが認識できたら、あとは行動すればいい。

100人いれば100通りの働き方があり、100通りのライフスタイルがあって当たり前です。周りがどう思おうと、自分にとってプラスになると思えば、何歳からの転職でも起業でも海外留学でも躊躇するべきではありません。

常識や他人の目よりも自分の判断基準を大事にすること。その心構えがあれば、明日からの生き方が少しずつ変わっていきます。

成績上位、運動部のリーダー……学校で優秀だった人ほど〝見えない〟もの

例えば、実力主義の時代と終身雇用の時代では、会社を取り巻く常識が変わります。会社というのは言わば牧場の柵や動物園の檻のようなものですから、時代の変化によって環境が変わるのは当たり前のことです。なかにいる人の安全を守ってくれる分、持ち主が変われば、柵や檻の形や場所も変わります。

昨日まで自由に外へ出ることができたのに、いきなり扉が閉まってしまうこともあれば、柵そのものがなくなってしまうこともあります。

その時、常識を疑う視点を持っている人は変化に対応できますが、今までどおりが当たり前だと信じていた人は慌てることになります。

そこで、学生時代のクラスメイトのことを思い出してみてください。

わたし自身、高校、大学時代の同級生のことを思い出すと、学校で優秀だった人のほとんどは手堅い会社に就職し、そのままキャリアを積み上げています。一方、独立して矢

面に立ちながらビジネスをしているのは、学生時代から少し風変わりだった人ではないでしょうか？

どちらの生き方が良い悪いという話ではありません。ただ、運動部でしっかりスポーツをやってきた人、生徒会でリーダーシップを発揮していた人など、学生時代にその枠内で活躍していた人ほど、学校教育で備わった従順さの罠から抜け出せないでいる印象があります。

先生が言ったことが正解だという感覚では、社会に出た後、いろいろな意見を受け入れる柔軟さを失いやすく、多数決で出した答えに「ノー」と言えないタイプになってしまいます。

一方、海外の教育の現場を見てみて「いいな」と思うのは、生徒たちが先生の言っていることを真に受けず、「先生も間違う」「別の見方がある」という前提に立って議論をする文化が根付いている点です。ある立場に立って意見を主張するディベートの授業もあり、自分から何かを発信する教育が行われています。

それはそのまま他者の意見に耳を傾ける訓練にもなり、大勢が賛成する正しい意見についても別の見方ができるようになるのです。

柵の内側の視点と外側の視点。少なくとも、この2つは見えるようにしておきたいものです。

柵の内側と外側。2つの視点を持つこと

講演会でこういった話をすると、「わたしも独立した方がいいと思いますか？　それとも、会社に残った方がいいでしょうか？」という質問を受けることがよくあります。

その時、わたしは必ず「あなたが自分をどういう人間か知ってからでないと、アドバイスできない」と答えています。

なぜなら、**自分がどういうタイプの人間かわからずに行動すると、思わぬストレスを溜め込むことになるからです。**わたしの場合、会社員でいることによって生じる不自由さがストレスだったので、独立を選び、成果を挙げることができました。

しかし、それとは逆に会社という柵があるから安心して仕事ができ、大きな成果を挙げている人もたくさんいます。

重要なのは、柵の内側の視点と外側の視点。この2つの視点を持ちながら、自分がどちらに向いているタイプなのかを見極めること。そこで、1つの判断基準となるのは、仕事に対する態度です。

常に上からの指示を待っているのか、自分でやるべき仕事を見つけてきているのか。会社で働く人のスタンスは大きく分けると、そのどちらかに当てはまります。指示がないと仕事ができない人は、その姿勢を変えないかぎり、柵の外に出る準備が不足していると言えるでしょう。

また、柵の外に飛び出す理由が、「今の会社が嫌だから」「上司がムカつくから」といった後ろ向きの動機の場合、まずうまくいきません。それは柵の外の厳しさを見ないまま、嫌だと感じている現状から逃げたいだけだからです。

その程度の覚悟では、柵の外で遭遇する困難に立ち向かうことができず、また逃げることになってしまいます。自分がどういう人間かは誰かが教えてくれるものではありません。自ら考えて答えを出すことで、自分がどういう人間かがわかってくるものです。

マス文化の外にあった「本当にいいモノ」に気づく人が増えたワケ

和歌山県にカネキチ工業というニットの生地を作る会社があります。

創業は大正9年（1920年）。約100年の歴史を持ち、1900年代初頭に日本へ輸入された吊機という希少な旧式の編み機を使い、ニット生地を編み立てています。

この吊機を使った工場は日本に2つしかなく、世界でもごくわずか。理由は大量生産、大量消費という時代に合わなかったからです。量産を重視した高速の編み機が主流となり、生産性や採算性が低い吊機は次々と姿を消していきました。

実際、1台の機械が1日かけてもスウェット7枚分ほどのニット生地しか編み立てられません。しかも、機械1台ごとに生地の風合いが微妙に異なる仕上がりになるそうです。時間がかかり、正確性は低いという面もありますが、一方で、吊機だからこそできるニット生地の風合いは独特のもので、ここ数年、カネキチ工業には注文が殺到しています。

わたしが工場の見学に行ったのも、カネキチに注目しているアパレル関係の友人に連れられてのことでした。

吊機が何百台と並ぶ工場内を歩きながら、わたしたちを案内してくれた社長さんはこんな話をしてくれました。

「戦後、昭和30年代後半から40年代にかけ、大量生産を求められるなかで周りの工場はみんな高速編み機を導入していきました。正確に大量に生地を作ることができ、機械の故障も少なく、効率もいい。吊機はメンテナンスが面倒で、年代もので、ボロい。よく『あんたのところは遅れているね』と笑われました」

当時、周りの同業者のみならず、工場で働く人も「この工場は大丈夫かな」「お金がないから設備投資できないんじゃないか」と思っていたはずです。

後付けで「先代の社長が吊機の良さを信じて機械を守ってきた」と評することはできますが、事実としてカネキチの工場は一度、時代遅れの最後尾になっていたのです。

ところが、昭和の終わりから平成に入り、状況は一変します。大量生産に走った工場のほとんどは潰れてしまいました。高速編み機を備えた中国などの工場にコスト競争で勝てなくなっていったからです。

故障も少なく、効率よく正確に大量の生地を作ることができるという優位性は長くは続かなかった。周りの工場に歩調を合わせ、設備投資をし、機械を新しくした当時はその選択が正解だったものの、環境が変化してしまった。すると、今までの武器だった効率性では違いが生み出せず、同じように個性がないならば安い方が勝つという消耗戦に巻き込まれていったのです。

そして、今は中国でも同じことが起きています。大量生産、大量消費の流れの中で勝負できなくなった工場が次々と消えていきます。

大きく変化する時代には、誰にでも成功のチャンスがある

一方、吊機を残し、時代の最後尾にいたはずのカネキチの工場には世界中から「そこでしか作れない生地」「独特の風合い」を求めて次々と注文が舞い込み、気づけば最先端に立っているのです。

かつてのルールでは「ロットごとに風合いが違うなんてありえない」と爪弾きにされ、「不良品」という評価すら下されていた生地が「味があっていい」に変わる。海士町の例も含め、**不便で効率化されなかったからこそ、残った独自性が評価される。**まさに、劇

的な大逆転。

社会が豊かになったことで、マス文化の外にあった「本当にいいモノ」に気づく人が増え、オリジナリティや他では手に入らないモノが求められる時代に変わってきたわけです。

この流れは個人個人の評価にも共通しています。**顔が見えて、仕事のできる人が求められ、必要とされていく。周りの人に合わせ、同じことを平均的にやる能力にすがっているると、最後尾に追いやられてしまう日がすぐそこまで迫っています。**

逆に、自分で確立したスキルを持っている人であれば、どこへ行っても通用する時代になったと言えます。

立派な学歴や大企業に勤めた経験など、古い価値観の中では高く評価された実績がなくとも、大丈夫。大きく変化する時代には、誰にでも成功のチャンスがあるのです。

動き出す前に「正解」を探しても見つかるわけがない

何かを得るためには、動き出さなければ始まりません。誰もが聞いたことのあるアドバイスだと思います。わたしはこれまで多くの「目標を達成した人」と「できなかった人」を見てきました。そして、経験上、改めてこう思います。

動き出す前に「正解」を探している人は、動き出せない。

海外で働きたいという目標を語った学生が10年後、それを実現しているかどうか。その差は本気で英語に取り組み、海外へ飛び出してしまったかどうかでしかありません。**できた人は確かな答えなどわからないまま動き出し、できなかった人は「正解」を探して足踏みしているうち、タイミングを逃してしまいます。**

例えば、シェフの世界では、動き出した若い人たちが経験を積み、「もし、日本人シェフが全員いなくなったら、ヨーロッパのレストラン業界は成り立たない」と言われるほど、大きな成果を出しています。

なぜ、それほどまでに評価されるのか。それは日本人のオリジナリティがあるからです。仕事への情熱があり、何事にも真面目に取り組む姿勢を持っていること。電車は時間どおりに来るし、街のいたるところには24時間営業のコンビニがあって、治安もいいという環境で育ったこと。誰もが当たり前だと思っていることかもしれませんが、海外の人から見ると、かなり特異なことなのです。

ですから、海外に出ることで日本人は一定のオリジナリティを発揮できると言えるでしょう。実際、多くのシェフやソムリエが言っていたのは、海外に行ったほうが勝負がしやすいということでした。日本はレストランの数も多いし競争も激しい、それに比べればよっぽど、活躍できる可能性は高いというのです。

そして、海外の経営者は能力があれば年齢をさほど気にしません。

日本では20代だというだけで、シェフは任せられない。まだ早いと判断しがちです。しかし、海外ではできると思えば、「おまえやってみろ」と任され、そこで結果を出せば、店のナンバー3、ナンバー2のポジションが与えられ、トップのシェフから多くのことを学びながら実力を磨くことができます。

当然、技術の伸びも早くなり、名実ともに一流のシェフへと育っていくのです。

「できない理由」を探すのは、マイナスの複利をふやすこと

また、料理の世界においてもITによる変化が起きています。かつて、「技術は盗む」ものでした。「秘伝の◯◯」といったように、とっておきの技術やレシピは、隠して表に出さないのが当たり前。しかし、今は確かな舌と知識があれば、インターネット上から技術と秘伝を学ぶことができるようになっています。

その結果、かってからの悪しき伝統は今、だいぶ変わりつつあるようです。

例えば、ミシュランガイドで5年連続三つ星を獲得している日本料理店「龍吟」の山本征治シェフは「盗んで覚えろとか、教えないのは怠慢だ」とまで言っているほど。自分の技術はどんどん伝えるべきだというシェフも増えています。

教える側の考え方も変わり、教わる側はネットをはじめ多くの情報に触れられるので、修業の期間も短くなってきました。自分から動き出せば、若き料理人が力をつけるための方法や土壌はかなり整ってきているのです。

そして、これはすべての業界で起きている変化でもあります。

そんな時代に「彼に比べて時間がないから」「彼女よりも忙しいから」「お金がないから」「会社員だから」「景気が悪いから」などなど。できない理由を考えることは、言い訳を探しているだけです。

人生は○×クイズではありませんから、100％の正解などありません。正解がないから、自分がいいと思う方向へ踏み出してみるしかないのです。

そこで、「正解が見つかったら動きます」と言っていたら、永遠に何も変わりません。とりあえず動いてみればいい。違ったら変えればいい。**踏み出す前に「大変なリスクだ」と思っていたことのほとんどは、通りすぎてしまえばどうということもありません。**

失敗したと感じたら、その時点で修正すればいい。人生は壮大な実験です。

特に今のような変化の激しい時代には、10年前に不正解だったことも正解に変わります。できない理由を考える前に、できる理由を探し、工夫しながら試し続けることです。

他人の価値観や流行に合わせず、自分のやっていることを信じていくこと。言い訳を繰り返し、マイナスの複利を増やしていくくらいなら、正解ではなく「できる理由」を考えるプラスの思考の癖をつけていきましょう。

「ネット環境のない場所」へ足を運ぶ意味

わたしがiPhoneで仕事上の作業の8割を処理しているように、あなたにも欠かせないITツールがあるはずです。そして、今後はウェアラブルコンピュータがさらに進化し、体の一部のように片時も離れない存在になっていきます。

いつでもどこでもネットにつながっているのが普通。そんな生活になっていくことがわかっているからこそ、あえてネット環境のない場所へ足を運ぶことに意味があります。

例えば、わたしは最近、初めてキューバを旅しました。

キューバ共和国はキューバ革命後の1961年以来、アメリカと国交を断絶（2015年、54年ぶりに国交を回復）。国際社会の中で独自の路線を歩み、今も国内にはクラシックカーが現役で走っていて、ネットの普及も大手のホテルなど、特定の地区に限られています。

では、それが不自由かというと、そのゆるやかさは逆に新鮮で、強い独自性を感じる国です。実際、旅の間ネットにつながったのは2回。時間にして1時間程度でした。

そこで、改めて感じたのはネットのなかった頃の感覚です。

キューバでは外でネットが使えません。店の情報を調べることもできなければ、メールの確認もできません。当初はやはり、不便さを感じていました。

ところが、同行していたキューバ来訪歴の豊富な仲間は気にもしていません。聞いてみると、普段から「インターネットをほとんど使わない」という人でした。彼は地元の店にも詳しく、あちこち案内してくれたのですが、「さっきの店の名前はなんですか?」と聞くと、「あ、店の名前、知らないな」と。

飛び込みで店に入り、気に入ると何度も通い、店主とつながりを作っていく。そんなふうに広げたネットワークが彼の基本になっているので、人の顔と名前は知っていても店名は記憶していないというわけです。

その話を聞いて、わたしは少し反省しました。

というのも、わたしは訪れる街のこと、興味を持った店のこと、食事をしようと考えているレストランなどを必ず事前に調べるようにしているからです。ネット環境の進化で、今ではほぼ世界中で一瞬にして、事前にあらゆる情報を集めることができます。

そして、事前に調べることを習慣化していると、旅でも仕事でも面倒な出来事が起きる可能性を低くすることができ、快適に過ごすことができるのです。

しかし、キューバでビジネスも行っている仲間は完全に感性で生きていました。店選び、人選び、ビジネスのアイデア探し。ネットがあることによって、わたしたちは感性よりも先に「ググれば出てくる」とばかりに何もかも調べてしまいがちになっています。

その結果、**昔は持っていた勘や場の雰囲気を読み取る感性を退化させてしまっている**のではないか。わたしはネットにつながらないiPhoneを片手にキューバのすばらしい街並みを眺めて歩きながら、そんなふうに「**すべてを調べられることのデメリット**」について考えていました。

便利さの一方で、失っているものがある

iPhoneもネット環境も間違いなく便利で、持つ物を減らし、自由なライフスタイルを築く上で、なくてはならないものです。しかし、時にはあえて離れる時間を持つようにし

なければ、勘や感性といった能力が衰えていくのかもしれません。

例えば、カーナビができたことによって、わたしも含め、多くのドライバーは道を覚えなくなりました。昔は地図を見て、道を間違え、そこで意外な発見があったりしましたが、今はカーナビの出した効率的なルートに沿って目的地に向かいます。

日常生活の中で、それは便利なことですが、じつは自分でルートを判断する能力を下げているとも言えます。

大切なのは「便利さの一方で、失っているものがある」と知ることです。

その認識があれば、時々、自分からあえて「ネット環境がない場所へ行く」「カーナビを使わない」といった選択肢を楽しむことができるようになります。一番怖いのは、失われているものがあるという自覚がないまま、勘や感性をすり減らしていくこと。そして、ある日、あなたの勘や感性が求められる場面に出くわした時、自分で判断できなくなっている状態に気づくことです。

年1回、ネット環境のない場所へ出向いてみましょう。

一度、「流れから飛び降りてみる」ことの大切さ

本書でも何度か述べてきたように、わたしは「人生は壮大な実験だ」と思っています。特に今のような価値観の変化している時代には、他人との比較ではなく、自分で試すことがなによりも価値のある経験になります。

一昔前までは何歳で部長になり、年収はこのくらいで退職したら退職金と年金でこんな暮らしをしていこう……というプランが描きやすい連続性のある社会でした。その時代は実験よりも、前例に沿った生き方をする方が賢かったのかもしれません。

しかし、今は良い意味でも、悪い意味でも何が起きるかわからない非連続の社会です。

例えば、わたしのデュアルライフも一昔前には、一部のお金持ちにしかできない生き方でした。それも今はネット環境のツールの充実によって、誰もが準備と覚悟次第で実践できるようになっています。

つまり、連続していないということは社会にも個人にもどんなことが起こるかわからないということです。**決めつけた生き方では可能性を狭めるだけでなく、変化に弱いライ**

フスタイルになってしまいます。

決まりきった正解はなく、典型的な人生もどんどんなくなってきている時代には、常に実験を繰り返し、前例のない道を歩んでいかなければいけません。

デュアルライフにしても、最初から日本と海外、東京と地方と2拠点を定めてから始めるのではなく、1ヶ月だけホテル暮らしをしてみるなど、気軽な実験からスタートしてみる。それでもし、「自分には合わない」と思えば、「今の時点では合わなかった」という実験結果が、あなたの財産となります。

期待していた結果が出た時も、出なかった時も、実験したことでチャンスが広がっていくことはたしかです。また、テクノロジーの進化によって今後はますますおもしろいやり方、思いがけないチャンスが広がっていくかもしれません。

やってみなければ、良し悪しは誰にもわからない。

シンプルな教訓を大切にしていきましょう。

忙しい日々の中で、なんとなくの毎日から「強制的に飛び降りる」には

朝起きてから夜眠るまで、毎日慌ただしい日々を過ごしている人も多いと思います。あなたもそういった日常の中で行動がルーティン化し、一定のパターンどおりに過ごすようになってはいないでしょうか。

その点、**旅という実験は日常のルーティンを打ち破る絶好の機会になります。**しかし、日本の一般的な会社に勤めている場合、なかなか長期の休みを取るのは難しい現実があります。

しかし、日常の中でも小さな実験を繰り返していくことは可能です。

例えば、書道家の武田双雲さんはかつてＮＴＴに勤めるサラリーマンでした。当時、双雲さんは通勤電車が嫌でたまらず、どうすれば楽しくなるか考えた末、試していたのがグリーン車での通勤だったそうです。

気づけば初任給の半分ほどがグリーン料金に飛んでしまったそうですが、混んだ車両を横目に座席であぐらをかいて通勤するのは「とてもおもしろかった」と語っています。

そんなふうに違う視点から日常を眺めてみるのも、人生における刺激的な実験の1つです。結局、忙しいことを理由にしていては何も始まりません。

日々を見直していくことの重要性。時には強制的に飛び降りることの大切さ。わたしは自戒も込めて、日産自動車のテレビCMで使われた矢沢永吉さんの、この言葉をよく思い出しています。

2種類の人間がいる。
やりたいことやっちゃう人とやらない人。
やりたいことやってきたこの人生。
おかげで痛い目にもあってきた。
散々恥もかいてきた。
誰かの言うことを素直に聞いてりゃ、
今よりずっと楽だったかもしれない。
でもね、これだけは言える。

やりたいことやっちゃう人生のほうが、間違いなくおもしろい。
俺はこれからもやっちゃうよ。
あんたはどうする？

生活の中に小さな変化を付けていくことは、年齢や家庭環境に関係なく試すことができます。配偶者がいて、子どもがいて、家庭があり、守るべき物が多くなっていたとしても365日のうちのほんの1週間だけでも実験に時間を割くこと。自分のためだけに使える時間を作ること。その試みが、あなたの次の5年、10年を大きく変えていくキッカケになります。

もちろん、わたしの主張は間違っていると捉えるのもかまいません。何事にも正解はなく、いろいろな発想、やり方があって当たり前だからです。むしろ、「本に書いてあったから、これが一番」と鵜呑みにするのは危険なことです。

大事なのは、本気で自分で考えを突き詰め、小さなことから試していくこと。すると、必ず本人にとって財産になる視点が得られます。

あなたは、忙しさをやらないための言い訳に使ってはいないでしょうか？

第2章

「なくてもいい物」を持たない

不要な物はあなたの何を〝縛っている〟のか

「はじめに」で「持たない生き方とは、持ち物を減らす断捨離やミニマリズム、シンプルライフなどといった暮らしのスタイルやノウハウではありません。大事なのは、物を減らすことではなく、自分にとって必要なモノを見極め、それを選び取り、見た目ではない豊かさを手に入れること。つまり、持たない生き方とは、自ら考え、選択し、幸せに、自由に暮らしていく生き方の提案です」と書きました。

誰かに言われたから捨てるのではなく、自分で決断し、選び取っていくこと。それが物との向き合い方の大前提となります。

まずはあなたの身の回りを見渡してみましょう。部屋やカバンの中など、改めて注意してみると不要な物がいくつもあることに気づくはずです。こうした多くの物に囲まれた暮らしというのは、それだけであなたの自由を縛ってしまいます。

例えば、住宅ローンを組んで買った家という物があり、そこにさまざまな物を詰め込んで暮らしていると、移動の自由、職業選択の自由が狭まっていきます。しかし、「自分は持ち家を持たない」と決めることができれば、仕事選びも居場所選びも自由になり、身軽に動けるようになります。

物との向き合い方で重要なのは、「あえて捨てる」という感覚を持つことです。自分にとって何が大事かを見極められれば、必要な物以外を捨てることができます。それは**持つことをあきらめるという消極的な選択ではなく、あえて捨てることで、身軽に、自由になる**ためです。

ところが、自分にとって何が幸せかわからず、進みたい道が決まっていない人は、常に不安を抱えています。その不安を埋めようと物を買い、必要以上に人とのつながりを求め、それでも満足感を得られずに「もっともっと」と自分を縛っていきます。

かつては社会や会社が与えてくれるものに乗っていれば幸せになれました。しかし、今は何が自分にとって幸せなのか、自ら考え、選ばなければ満足感を得られない時代です。少しでも自分は不要な物に縛られていると感じているなら、こう問いかけてみてください。

あなたにとって本当に重要な物はなんですか？

持つことで幸せになれた時代、持たないことで幸せになれる時代の違い

子どもの頃を思い出すと、物を持つことで幸せを感じていた記憶がいくつも残っています。家にクーラーが付いた日に「すげぇ。涼しい!」と喜び、新たにキッチンの仲間になった電子レンジの仕組みについて疑問を持って調べ、ウォークマンで音楽が持ち歩けるようになったことに驚き……という時代でした。

しかし、今はもう生活を大きく変えてくれるような製品の登場は少なくなり、ほとんどの人が必要以上の物が揃った環境で暮らしています。

持つことで得られる幸せは90年代で満たされ、その後の25年かけてわたしたちは「幸せに生きるのに、本当に大事なことってなんだったただろう?」と問い続けてきたように思います。アメリカ流の物質至上主義から離れ、精神的な充足を追い求める時代へと戻ってきたのです。

もちろん、すべての物を手放し、捨てる必要はありません。テクノロジーをうまく活かすことができれば、時間と場所に縛られることなく働くことができ、より自由に生きられ

ますし、結果的に物を減らすこともできます。

つまり、必要な物を持ち、いらない物は持たない。個人個人がそのバランスについて真剣に考えること。それがこれからの幸せな生き方の土台となります。


そこで大事になってくる価値観が「**持てるけれど、持たない**」という感覚です。

「物がなくても我慢して生きる」「少ないお金でやりくりする」「節約して生活する」という見方は旧来の価値観に引っ張られています。その感覚で、持たない生き方へシフトすると、心のどこかに必ず劣等感を抱いたままになってしまいます。

そうではなく、「持たないことで自由が広がる」「お金は物にではなく、新しい経験をたくさんするために使う」と前向きにシンプルに捉えること。そして、「持とうと思えばいつでも持てるけれど、自分の判断として持たない道を選んだのだ」と誇りに思うこと。変化の時代は、自分が先手を取り、動き出すことで大きく変われるチャンスです。

持つことで幸せになれた時代のスタンダードを手放し、自分らしいスタンダードを自らの手で構築していく。新生活への扉のカギは、いつも「あなたが何を選択するか」にあるのです。

夜のコンビニ、週末のモール……「安心できる」店では失われていく感覚

全国どこへ行っても同じ物が買えるコンビニエンスストア。大型ショップが軒を連ね、大都市圏と変わらぬショッピングが楽しめるショッピングモール。ファストファッションの店では日本と言わず、世界で流行中のファッションアイテムを手に入れることができます。世界は狭くなり、たしかに便利になりました。

しかし、文明は進化したものの、文化力はどんどん落ちている。わたしにはそんなふうに映ります。なぜなら、いつ行っても安心できるコンビニやモールでの買い物は、徐々に好奇心や判断力を奪っていくからです。

ハワイで生活していて、よく目にするのがチーズケーキファクトリーというナショナルチェーンの店でデザートを楽しんでいるアメリカ人の姿です。

メインランドでいくらでも食べることができる物をなぜ、ここで食べているのか？

日本に置き換えれば、地元産の旬の果物を使ったうまいジェラートを出す店があるのに、

チェーンのアイスクリームショップに行くようなものです。

たしかに、メガフランチャイジーが特別な魅力を放っていた時代はありました。まだ近くの街にはマクドナルドがなかった頃は、わざわざ電車に乗ってハンバーガーとポテトを食べに行き、コーラを飲むのが、幸せな非日常の時間でした。

でも、今やマクドナルドをはじめとするメガフランチャイジーは世界中のどの場所にも店を構えています。

海外旅行中、地元の店を選ばず、ファストフードで済ませる。気軽で安心できますが、どこか負けたような気持ちになります。

その理由は、**自分で考え、決断するという手順を飛ばしている**からです。好奇心よりも安心感を、判断力を使う行動よりもいつもの手軽さを選ぶ。これはもったいないことです。食は旅を構成する重要な要素の1つで、さまざまな刺激を与えてくれるものですから。

場合によってはひどい店に当たるかもしれません。自分の舌には合わない料理が出てくることもあります。それでも好奇心に任せて飛び込むことで、日常では得難い体験があり食文化を知るという学びもあります。

ワンパターンの繰り返しによって独自性が失われる

例えば、地方にモールが出店すれば、雇用も生まれ、税収も増えます。

しかし、10年、20年スパンで物事を見た場合、モールがあることによって失われるものもあります。本来、その土地にあったはずの良い物や独自の物が大量生産で作られた商品によって追いやられてしまう。地元の産業の衰退は、地域の独自性を壊します。

残るのは、大きくて便利なモールのある、個性のない地方都市です。

自分が海外からの旅行者だとして、独自性のない場所へ観光に訪れるでしょうか。外からの刺激のない場所に地元の若い人たちは定着せず、より大きな都市圏へと出ていきます。これが今の日本の各地方で起きている空洞化の理由の1つです。

地方に暮らす人たちが「東京と同じ物が欲しい」と思って選択したことだとしても、満たされるのは最初だけだと思います。コンビニやモールを通して一度、経験してしまえば、都市圏の暮らしがさほど豊かなことではないと気づくはずです。

それでもわたしが仕事などで地方を回ると、地元の人は東京っぽい店へ連れていこうとします。でも、こちらは地方色の強い、その土地にしかない店や場所を訪れたい。つまり、そこで暮らしている人が「そこにある魅力」に気づいていないわけです。

逆に、その魅力に地元の人が気づき、「ないものはない」と言い切った海士町のような場所もあります。

実際にコンビニもモールもありませんが、培われた独自性によって魅力を放ち、移住者を引き寄せています。廃校になる寸前の学校を立て直すため企画された島外からの「島留学」は定員オーバーとなり、「メチャクチャキツイよ。」というキャッチフレーズで呼びかけた漁業の定置網の仕事にも各地から応募がありました。

コンビニとモールのワンパターンを繰り返すことの怖さは、新しい発見が減ることです。**どこにでもあるモノしか手に取らなくなり、誰もが見ているモノしか目にしなくなる。**そんな生活からは新しい発想も生まれにくくなります。

どこにでもある店での物選びを続けていると、あなたが本来、持っていた大切な感覚が鈍ってしまうのです。

一歩外に踏み出すことで、磨かれるもの

自分にとって本当に重要な物を知るためには、好奇心が欠かせません。

今はまだ知らない物をみつけ、もっとよく知りたいという欲求は人を成長させてくれます。子どもたちの目がキラキラと輝き、ただ散歩しているだけでもすごく楽しそうなのは、すべてが新しい体験だからです。

何も知らないからこそ、子どもたちは好奇心の塊となって目をキラキラとさせています。ところが、大人になってくると多くの人がキラキラを失っていきます。それは経験が増え、いろいろなことがわかった気になってしまうからです。

好奇心よりも諦めの気持ちが先に立ち、新しい体験やチャンスを前にしても「いや、やってみてもいいけど、まあ、このくらいでしょう」と尻込みしてしまう。この**知った気になる、わかった気になるというのは人生においてマイナスにしかなりません。**

試しもせずに知った気になるよりも、何事にも興味を持って行動する方が新しいインプットになります。知っているモノしか選ばない。同じ仲間とばかり飲みに行く。そんな

ふうに豊富な選択肢があるにもかかわらず、同じモノを追い求めると、どんどん考えが凝り固まっていきます。

大切なのは日頃の行動範囲から一歩外に出ること。自分が普段やっていないことをしてみること。それが思考のストレッチとなり、あらゆる状況に応じて対処できる柔軟性を育みます。

今、わたしは世界中を旅して回るなかで、より日本の良さを感じると同時に、アメリカへの興味を失っています。なぜかと言うと、どの地域に行ってもマスプロダクションで、マスマーケティングで生産者の気持ちが見えないからです。幹線道路沿いに巨大なモールがあって、マクドナルドがあって、チェーン店があって、どこに行っても同じ。そういうビジネスのあり方に飽き飽きしています。

一方、ここ10年ほど、ヨーロッパへ頻繁に行くようになり、地方都市の小さな村に引き寄せられています。それはメガチェーンやマスマーケティングがなく、生産者の個性と手作り感、独自性があるからです。

これもまた枠の外に踏み出したことで得た、わたしなりのインプット。知らないモノを知りたいという思いは、大人ほど大事にしていくべきです。

頭を使わなくても物が買える今の時代に「いい選択」をするには

ショッピングモールに出店しているグローバル展開中のファストファッションの店で服を買う。マスマーケティングによって作られた広告を見て、「いいかも」と思い、品物を手に取る。そこそこ、いい物。用途には足る物。みんなも使っている物。店のイチオシの物。店員のオススメの物……。

物が溢れる日本で、深く考えずに商品を購入するのは簡単なことです。しかし、何も考えずに物を買うスタイルでいると、どうしようもない物ばっかり自分のまわりに集めることになりかねません。

物が溢れ、選択肢が豊富にあるからこそ、こだわろうと思えばいくらでもこだわることができるという自由もあります。そして、**自分で考え、判断して物を買う習慣は、日常の中ですぐにできる意思決定力のトレーニングになるのです。**

作り手にこだわる。生産方法にこだわる。産地にこだわる。デザインにこだわる。そんなふうに自分が物を選び、買う際のフィロソフィーを持つことで、買い物は頭を使い、選別する能力がなければできないゲームになります。

例えば、普段、スーパーやコンビニで買い物をしている人が、オーガニック系のお店に行ったとしましょう。棚には知らない商品ばかりが並んでいます。規模の小さな作り手、大量生産品には必ず含まれている化合物を除くなどのこだわりが込められた製品。そこから何を選ぶかは、まさに本人のフィロソフィーが試されます。

好奇心を持ち、生産方法や原料について学ぶことで、何千種類という商品の中から自分の嗜好にあった物を選んでいく。その手間をかけた人は、本当にいい物に巡り合うことで、必要以上の物を持たない生活を成り立たせることができます。

自分のフィロソフィーに従って判断していく能力は物を買う場面だけでなく、あらゆる決断の際に必要な能力です。それを持った上での賢い消費行動が、今の時代にはすごく大切になってきます。

「自分を大きく見せる」という時代の逆行

高級時計や高級ブランドのバッグ、高級車など、贅沢品と呼ばれる品々があります。購入するとムダ遣いだと言われることも多いですが、本当に好きで買うのなら、それはムダではありません。手に入れることを目標にすることで、生活に張り合いも出るはずです。

しかし、そこに少しでも「自慢するために持つ」「物を使って自分を大きく見せる」といった側面があるなら、問題です。というのも、あなたの周囲の人は、相手がきらびやかな時計をしているから、目立つクルマに乗っているから、持ち主もすごいと評価するわけではないからです。

たしかに一昔前の自己啓発本を読むと、「無理をしてでも背伸びをして高級品を身につけた方が、生活のステージの高い顧客に近づくことができる」「一流ホテルのホテルマンは靴から相手を測る。靴だけは一流品を」といったアドバイスが書かれています。

しかし、シリコンバレーのビリオネアはTシャツ、短パン、ビーサンでぶらぶらしています。スティーブ・ジョブズにしてもタートルネックにジーンズ、スニーカーが定番ファッションでした。

革新的な成功者ほど物を持たず、身軽で自由な自分流の生き方をしています。

高級品を使って自分を大きく見せるようなことをしても意味がない。多くの人が、そう気づいてしまっています。

にもかかわらず、無理してローンを組んで高級時計や高級バッグ、高級車を買い、支払いのためにやらなくてもいい残業や副業に時間を費やしてしまう。それは時間の浪費で、未来への投資にもなりません。結局、まわりまわって本人にとってマイナスになるだけです。また、「給料が増えたから、それに合わせて生活のレベルも上げないといけない」という発想も危険です。

あなたの給料が将来に渡って保証されると考えるのは、変化の大きな時代において浅はかなこと。**生活レベルを守るために働き続けなければいけないのは、最も不自由な生活スタイルです。**収入が増えた時ほど、物ではなく経験に投資しましょう。身につける物ではなく、あなた自身のレベルを上げていくことをオススメします。

わたしが「貰い物」を断るワケ

ハワイから日本に戻ってくると、東京は本当にいろいろな物をくれる街だなと思います。道を歩いていると広告付きのティッシュが差し出され、銀行や保険の窓口で商品に関する手続きをすると粗品が出てきます。年末になると取引のある相手から来年のカレンダーが届き、ドラッグストアでは試供品が配られ、駅にはフリーペーパーや割引券が置かれています。

しかし、わたしはある理由から、こうした貰い物をすべて断っています。銀行の名称入りのペン、メーカー名の入ったワイングラス、ブランドのネーム入りのエコバッグ……。一切受け取りません。

なぜなら、**貰うという行為は完全に受け身だからです。**持つ必要のない物を受け取ること、特に欲しくない物を無料だからといって手にしてしまうこと。安易に何かを受け入れてしまうのは、自分で判断するのを放棄したのと同じことです。

小さな選択かもしれませんが、**小さな妥協がいずれは習慣化され、「ま、いいか」という範囲は広がっていきます。**そして、無料の物を受け取るかどうかで始まった判断の停止状態が、仕事での意思決定にも影響を及ぼすこともあるのです。

「みんながいいと言っているから、いいか」と流されてしまうのはとても危険なことです。

小さな選択1つでも、自分はどう思うのか。差し出された無料の粗品は、自分にとって必要な物か。手に入れたい物か。持つべき物か。重要なのは〝物〟そのものではなく、突き詰めて考えることです。

自分が心地良いと思える生き方を手に入れるためには、意思決定が求められる場面1つ1つが、トレーニングとなります。自分の価値観、優先順位をはっきりさせ、ブレない軸を作りましょう。そうしなければ、黙っていても物が押し寄せてくる環境で持たない生き方を実践することなどできません。

ライフスタイルとは勝手にできあがっていくものではなく、どこかで選択することによって成り立つものだからです。

定期的に物と環境を「リセット」することの重要性

東京のオフィスと家、そしてハワイの家。わたしは2011年に3つの拠点で一気に引っ越しをしました。すると、トラック2台分もの廃棄する物が出たのです。

わたしは普段から持たない生き方をしたいと考え、物はできるだけ増やさないように心がけていたはずでした。ところが、10年住んでいた東京の家を中心に、かなりの量のいらない物が溜まっていたのです。

そこで、3秒以上考えず、無条件に捨てていくという方法で物を手放していきました。結果的に3分の2を廃棄し、それがトラック2台分に。引っ越した先の東京の家は以前の1・5倍ほどの広さだったので、そこに今までの3分の1の物での新生活となり、すがすがしい開放感を得ることができました。

なぜ、一気に引っ越しをしたのかと言うと、わたしは生来の面倒くさがりだからです。

そもそも引っ越しは面倒くさいものです。そして、わたしも含めた面倒くさがりな人たちは努力や忍耐が苦手で、できるだけラクをしたいという考えを持っています。

おそらくこの思いは、いつの間にか物のあふれた暮らしになってしまうことで悩んでいる人も同じでしょう。捨てろ、捨てろと言われても、わかっているけれど、面倒くさい。物の少ない持たない暮らしが身軽で良さそうなのはわかったけれど、面倒くさい。その気持ち、よくわかります。

だからこそ、3拠点一斉引っ越しだったのです。

これは面倒くさがりの自分を動かすためにわたしがよく使っている手法で、強制力を利用した行動でした。家族や周囲に「引っ越しをする」「それも東京の家、オフィス、ハワイの家、同時に」「あえてやる!」と。そう宣言することで逃げ道をふさぎます。

周りに宣言すると、とにかく「やるしかない」という強制力が働き、面倒でも動き出すしかなくなるわけです。

ただ、わたしの場合、面倒なことも嫌いですが、もっとイヤなのは発想や物事の考え方が凝り固まってしまうこと。同じ場所に留まって、同じリズム、同じサイクルの生活を繰り返していると、どうしても発想や物事の考え方、感じ方が固まってきてしまいます。

同じであることは、ラクであることとつながっていますが、わたしは定期的にラクな状態を壊すことも大切だと思っています。また、生活拠点もエリアも変わらない暮らしは、物を自然と増やしてもしまいます。

そこで、当時の自分のテーマだった〝リセット〟に沿って、全部一気にやってしまったわけです。結果的には、物が減って風通しが良くなり、頭もスッキリ。発想や物事の考え方、感じ方にもいい意味での変化がありました。やはり家の中がゴチャゴチャしていると、頭の中もゴチャゴチャしてしまうものです。

「ルーティンになっている」と感じたら、とにかく壊してしまう

物を減らすということに関して言えば、定期的に引っ越しをするという方法はとても有効です。無条件に捨てるということをあえてやってしまう。その後にはシンプルな暮らしが待っています。

とはいえ、環境を変えることによるプラスの影響は、「次の日から何かが変わった！」というような即効性のあるものではありません。あくまでも長い目で見た投資の1つであり、持たない生き方に欠かせない実験の1つだと考えてください。

しかし、**同じ場所に留まること、同じ生活リズムを繰り返すこと。これを放置して10年続けていたら、10年後には頭が固くなり、クリエイティブな発想などできなくなっていきます。**

そのリスクを前もって回避するために、あえて早めに動き出す。小手先のテクニックで明日の自分が何か変わることを期待するのではなく、長い視点から逆算していく。これが現在の時間を使った未来への投資です。

わたしの場合、5年前に3拠点を一気に引っ越したことで、さらに持たない生き方が加速しました。海外を旅する期間も長くなり、仕事に関してはスマホベースのスタイルが確立され、オフィスなしでもほぼ済んでしまう状態になりました。

「ルーティンになっている」と感じたら、とにかく壊してしまうこと。重要なのは引っ越しそのものではなく、壊す勇気を持ち、行動することです。

物を溜め込まない「仕組み」の作り方

暮らし方にテーマを掲げ、宣言するのも「やるしかない」という強制力を働かせるのに有効な方法です。わたしは２０１０年に「リデュース、リセット、リビルド」というテーマを立て、現在もそれを意識して行動しています。

それぞれ、「リデュース」とは、物を減らすこと。「リセット」は、常にルーティンを壊す勇気を持つこと。「リビルド」は、自分のライフスタイルを定期的に見直し、作り直すことです。

今のような変化の早い時代には年ごとの目標を立てても、数ヶ月後に現状と合わなくなってしまうことも起こります。そこで、短期的な目標とは別に、もう少し人生そのものに関わるような長期的な視野に立ったテーマを掲げてみる。そのメリットは、行動力、実行力が増すところにあります。

例えば、わたしの場合、少しでも物が増えたなと感じたら、名刺も、本も雑誌もどんどん捨てています。大掃除、引っ越しも手段の１つとして使っています。**物は、増えれば**

増えるほど、整理整頓にかかる時間と労力は増大し、取り掛かるのが面倒くさくなります。ですから、捨てるためにかかるコストや手間については、もったいないかも……とすら思いません。

それは「リデュース、リセット、リビルド」というテーマを掲げているから。迷わず、勇気を持ってリセットボタンを押すことができるのです。

すぐにそこまで徹底することが難しくても、物に関して言えば「リデュース」をテーマにするだけであなたも、物を溜め込まないための仕組みを作ることができます。

まずは、物持ちがいい人たちの使う「いつか使うかもしれない」という言葉を封印して、「いつか使う日はこない」と決めること。本や雑誌に関して言うと、紙版、電子版問わず、わたしは月に40冊以上読んでいます。しかし、よほど大切な本でなければ読んだ途端、処分します。特にビジネス書は「いつか読み返す」と思わず、役立つ部分、印象に残った部分だけをメモして抜き出せば、情報は活かすことができます。

これだけ物と情報にあふれた時代には、自分にとって本当に必要な物と情報を取捨選択する一種の編集能力が求められるのです。

これからの時代の、愚かな消費者、普通の消費者、賢い消費者

賢い買い物か、そうではないかを分けるのも「考え続けること」がポイントになります。自分は何を求めているのか。そのためにそもそも物は必要なのか。必要だとしたら、どんな生き方、どんな物を選ぶべきなのか。考え続けることでしか、自分を変えることはできません。

例えば、「食」というものを通じて考えてみましょう。毎日の食事はわたしたちの体を作る大切なものです。この先、どんな働き方、どんな生き方をしていくにしても体が資本であることは変わりません。

そこで、質問です。あなたは体の求めに応じた「食べ物」を選んでいるでしょうか。

もし、「安いから」という理由でメニューを決めているのであれば、それは問題です。

わたしもアメリカ留学中、1日3ドルで暮らしていた時代は「安い」という理由だけで食材を選んでいました。短期間だったからやりくりをゲーム感覚で楽しめたものの、長期

的に考えると安さを基準にした食生活は肥満などの遠因となり、体に良くない影響として表れてきます。

また、体調を崩してしまった時の生活や仕事への影響、医療費などのコストを考えれば、安さよりも安全や安心を軸にした食材選びを心がけるべきです。着る物や住む場所にお金をかけ過ぎた結果、**自分の口から入り、体を作ってくれる食べ物を節約するというのは非常にバランスを欠いた考え方**だと言えるでしょう。

フェラーリを買ったものの、手持ちの現金が乏しいので昼ごはんは毎日インスタントラーメンという暮らしはどう考えても豊かではありません。

どこ産の誰が作った野菜なのか。どこで水揚げされ、加工された魚なのか。どの牧場から届いた肉なのか。最近ではオーガニックなこだわりの店でなくとも、大手のスーパーでも産地や生産者の見える売り方に力を入れています。

また、週末になれば都心でもファーマーズ・マーケットが開催され、作り手がそのまま売り手となって新鮮な食材を販売しています。

信頼できる店を見つけ、体にやさしい買い物をすること。自分の心身を大切なインフラだと考え、守っていくのが賢い消費者です。

なぜ、「ない」ことに惹きつけられるのか

大都市には瞬間の欲求を満たす選択肢がたくさんあります。

例えば、東京で暮らしていて、ちょっとでも店に入れば、物欲のない人でもいろいろと買いたくなってしまいます。これは、売る側のプロたちがワクワクする店舗作りなどで、「欲しいかも!?」と思わせる仕掛けを次々と用意しているからです。

その場の満足を優先する傾向が出てしまうのも仕方がありません。

一方、わたしが暮らすハワイでは、物に引き寄せられるほどの選択肢がありません。温暖な気候と目の前のすばらしい海を楽しんでいる方が、物から得られる幸せよりもはるかに大きいからです。

「はじめに」で紹介した海士町に住む人が、ある時、わたしに「東京は最先端で、海士町は最後尾だった」と話してくれました。なにもない町から人が出て行き、日本で最後尾の町になっていった、と。

ところが、ここ数年、「ないものはない」という海士町のキャッチフレーズに惹かれ、東京から多くの人が町を訪れています。

町には今も昔も何もありません。町が変わったのではなく、人が変わってきたのだと思います。**物質的な幸せから、精神的な幸せへ。ありあまる選択肢の中で暮らしてきた人々が、選択肢の少ない暮らしを求め始めたのです。**

自分がどうなりたいのか。どんなライフスタイルを実現したいのか。

それを明確にしていくうち、求めているのは「選択肢が豊富な暮らし」ではないことに気づいた人が増えているのではないでしょうか。その結果、最後尾だった海士町は「ない」ことに惹かれる人たちにとって最先端の町になりました。

もちろん、求めるものは人それぞれです。良い悪いはありません。ただし、目指すライフスタイルはそのまま「何のために働くのか」という問いにもつながっていきます。

もし、あなたが物に恵まれた毎日に疲れを感じているなら、将来、実現したいライフスタイルに向けて、今何をすべきか考えてください。そうすることで、自分らしい生き方が実現できるはずです。

「本当に必要な物」を見極めるために必要なこと

取材などで、「本田さんにとって本当に必要な物はなんですか?」という質問を受けた時、思い出すシーンがあります。それはハワイでサーフィンをしている時のこと。わたしがよく行くサーフポイントは、シニアのサーファーも多い場所です。

すごくいい波が来ていたある日の朝、わたしは波の上でのんびりしていると、60代のおじいさんから「なんか、おまえ見たことあるな」と話しかけられました。時々、ハワイの地元紙に英語で記事を書いているので、プロフィール写真を見たことがあったのでしょう。

「おまえは、どうやって生活しているんだい?」

「日本とハワイを行き来して、世界中を旅しながら本を書いたりしているよ」

「それでおまえ、食っていけているのか?」

少し心配そうな顔をしたおじいさんに、わたしはこう答えました。

「ハワイでサーフィンやっている分には、そんなにお金がからないでしょ。海はタダだし、ボード1枚で楽しく生活できるから」

すると、おじいさんはにっこり笑い、頷きました。

「そうなんだよ！　ハワイでは物質主義の人間はハッピーになれない。逆に精神的な豊かさを求めるんだったらハワイに来るといい。そんなに稼がなくても生きていけるし、満ち足りて過ごせる。俺もそうなんだよ」

すごく楽しそうに語ると、さっと手を挙げて波乗りに戻って行きました。

わたしがハワイに移住したのは、サーフィンができて、気候が過ごしやすい場所で生きていきたかったから。そして、なによりハワイに住んでいることが好きだからです。

誰かの真似をしたかったわけでも、人に自慢したかったわけでもありません。きっとあの日、波の上で話したおじいさんも同じだと思います。

サーフィンをして、満ち足りている。**にこにこと笑っていられるのは、「自分がどうすれば幸せを感じるか」についてよく知っているから**です。わかっているから満たされる。誰の手も借りず、自分を幸せに導くことができるのです。

本当に必要な物……それは、たぶん、「足る」を「知る」ことです。

第3章

「必要以上のつながり」を持たない

「付き合いの良さ」で変えられることは1つもない

講演後の懇談会の場で、ビジネスパーソンから悩み相談を受けることがあります。その際、必ず話題に上がるのが、会社での人間関係の悩みです。実際、新聞社や大手転職サイトが発表した「社会人の悩みベスト10」といったランキングでも、人間関係は上位ベスト3に入っています。

しかし、わたしにはこの悩みが、ピンときません。相手と合わないのなら、無理して付き合わなければいい。そう思うからです。日本には1億2600万人以上の人が暮らしています。当然、全員と付き合う必要はありません。そして、あなたが今いるコミュニティにずっといなければならない理由も義務もありません。

移動は自由です。

どこで働くか、どこで暮らすか、誰と一緒にいるか、1人でいるか。100人いれば、100通りの働き方、暮らし方があります。周りがどう思おうと、自分にとってプラスになると思えば、転職も、起業も、東京を離れることも、地方から出てくることも、海外に拠点を持つことも、旅を始めることも、躊躇すべきではありません。

例えば、あなたが狭いコミュニティでの人付き合いを優先して、ストレスを溜め込んだ人から相談を受けたら、どう答えるでしょうか。きっと、そのコミュニティから一旦、距離を置いてみることを提案するはずです。

すると、悩んでいる人は、「そこに居続けなければ自分の価値が失われる」「戻った時にポジションがなくなる」といった我慢の理由を打ち明けるかもしれません。でも、その理由は無理してまでコミュニティにとどまるに足るものでしょうか。

何かトラブルが起きたら、自分のこととして捉えず、「トラブルを抱えた人から相談を受けている」と考えるよう勧めています。一歩引いてみることで、問題の本質が見えてくるものです。

付き合いの良い自分に息苦しさを感じている人は、自分には自由に行動する力がないと思い込み、弱気になっているだけ。わたしにはそんなふうに感じられます。周りに合わせて生きたところで、何も変わらず、何も始まらず、ストレスにしかなりません。しがらみを捨てて出て行っても、困ることなど何もないはずです。

押し付けの「協調性」はもういらない

わたしは学生時代、通信簿に必ず「協調性がない」「自己中心的な傾向がある」と書かれてきました。当時は「良くないことかな」と考え込んだこともあります。でも、「無理して居心地の悪い場所に長くいる必要はないんじゃないか?」と思うと、どうしても周りと合わせることができませんでした。

そんなわたしが、就職活動を始めてすぐに気づいたことがあります。それは、「自分には大企業は合わない」ということです。理由は「自分で自分の仕事が決められないから」。

大企業では「マーケティング職に就きたい」と思って学生時代から準備してきた人と、なんとなく就活をくぐり抜けた人が、同じ新入社員として扱われます。

その後、本人の希望とは違う部署に配属されることもあれば、会社のやり方を覚えるための異動もあります。しかも、せっかく慣れてきたところでまた別の部署へ移されることもめずらしくありません。

あのドラッカーも「最初の就職はくじ引きのようなものだ」と言っているように、働く前から自分がどんな適性を持っているかを正確に知ることはできません。とはいえ、まったく自分で決められないまま、会社の指示に従って流されてしまうのもおかしなことではないでしょうか。

ところが、**そのおかしさを「おかしい」と感じさせない仕組みがあります。**

それが学校で教えられる「協調性」です。多くの学校は協調性のある〝従順な従業員〟を育てることを得意としています。先生の言ったことが正しく、評価されるのは素直に言うことを聞く生徒。成績の良し悪しも、教わったことを記憶して答えることのできる能力で決まります。

そういう環境で育った人は、自然と個性よりも協調性を大事だと思うようになります。

そして、人の作ったルールを受け入れて、合わせることができるようになるのです。

それは世の中が安定し、同じ会社でずっと働くのが当たり前の時代には、プラスに働く力でした。しかし、今は正しいとされてきた価値観が大きく揺れ動いている時代です。協調性を重んじる人は変化に対応する力が乏しく、自ら動き出し、何かを作り出すことに慣れていません。今の時代、教わったままの協調性重視でいるのは非常に危険なことです。

もし、今、勤めている会社が来年なくなってしまったら？

業界そのものが年々縮小していったら？

従っていた安定をもたらすはずのルールが陳腐化してしまったら？

そんな時、協調性を持って周囲の声に耳を傾け、慎重に対処していたら手遅れになっているかもしれません。

スティーブ・ジョブズはこう言っています。

「世間の常識にとらわれてはいけない。それは、他人の考えに従って生きることになるのだから」と。変化に対応しなければいけない時代に重要になるのは協調性よりも、自分で判断していく力です。

ずっと同じ環境にいると考え方が凝り固まってしまう

「意味のない協調性」を求められるシーンは、会社員の生活にも多々あります。

例えば、社内のメンバーで行く飲み会に参加しない人は「協調性がない」と言われます。

しかし、よくよく考えてみれば仕事と飲み会に関連性はありません。**愚痴をこぼし合う**

ような関係は馴れ合いになり、依存に変わり、あなたを縛り付けることになります。

同じ会社の人との付き合いや同じ業界での集まりなどに参加する時間は、どんどん減らしていってかまいません。

なぜなら、ずっと同じ環境にいると考え方が凝り固まってしまうからです。もちろん、付き合いをゼロにする必要はありませんが、減らすことによってできた時間で自分とは異質な人や世界とのつながりを増やしていきましょう。

ただし、誤解してほしくないことが1つあります。

それは、**「協調性を持たない＝人間性が良くない」ではない**こと。人間性の悪い人は何事もうまくいきません。

大事なのは、他人に流されず、自分で物事を判断できる人間でいながら、お互いの個性を尊重するようなあり方。仕事も人生も1人では何も成し遂げることはできません。叶えたい理想がある人ほど、必ず仲間の助けが必要になります。その時、人間性ゼロの嫌なヤツになっていたら、仲間と一緒に幸せも遠ざけてしまうことになるでしょう。

「周りを気にしない」人になるのは意外と簡単

身軽に生きるために、人間関係において大切なことが1つあります。

それは「周りを気にしない」ということです。もちろん、周りの人を尊重しないということではありません。

信頼し、尊敬し、敬意を払うのは当然のこととして、しかし、自分の意志、選択についてはブレない。自分が他人からどう見られているか。人の目を気にしていると、持たない生き方を実践するのが難しくなってしまいます。

身近な例で言えば、会社を定時で退社し、夕方以降の時間を未来の自分のために投資する。あなたが、そんなふうにサービス残業的な残業や付き合い酒をやめる生き方をするには、ある程度の覚悟が必要です。

しかし、**一度「あいつは早く帰るヤツ」というイメージを持たれれば、あなたが思うほど円満な定時退社はハードルの高いものではありません。**自分の仕事をきちんと済ませ、一定の成果を出していれば、周囲もすぐに慣れていきます。

こうした行動を起こすことによって、自分にとって大切なつながり、時間などを守る「区切り」を作ることができます。そして、区切ったことによってできた何もない時間を有効に使っていくことも重要です。

例えば、独特のテーマを掲げている勉強会やセミナーに参加してみて、合う合わない以前の、自分の生活圏の中にはいないタイプの人と出会う時間に使ってみる。そこでの人との出会いが即、何かに役立たなくても、柔軟な思考を養うトレーニングになります。

あるいは、期間を区切って夜の自由な時間は必ず自分にとって大切な人のために使うと決めてしまうのもいいでしょう。

つながりを作ることが大切だからといって、**どう考えても合わない人と定期的に連絡を取ったり、むりやり知っている人の数を増やそうとするといった行動は、まったくのムダです。**

そこでできる人とのつながりが、あなたにとって良いものになるはずもありません。その分の時間や行動力は自分や大切な人のために使いましょう。

年賀状やお中元で〝もっている〟関係を人脈とは呼ばない

わたしは年賀状をもう10年以上書いていません。また、お中元などの贈り物もまったくしませんし、できる限り、いただかないようにもしています。また、冠婚葬祭についてもお葬式は別として、結婚式も親族親戚、よほど仲のいい仲間以外は出席するのを遠慮しています。

なぜかと言うと、**儀礼的な付き合いは〝お互いに〟楽しくないからです。**

仕事上の意思決定は「正しいか、正しくないか」で判断し、プライベートの問題は「楽しいか、楽しくないか」で決めればいいと思っています。やっていて楽しくない習慣、付き合っていても楽しくない相手、続けていても楽しくない趣味。プライベートのことなら、すべてやめてしまえばいいだけです。

逆に「年賀状を送らないと失礼になるのでは」「お中元、お歳暮は大人の常識」と言う人もいますが、それはそれでいいと思います。書きたければ、書いてもいい。お正月に近況を伝え合うのが楽しいのなら、年賀状の習慣を大切にしていくべきです。

大事なのは無理をしないこと。儀礼的な年賀状をもらったところで心から喜ぶ人はほとんどいません。使うかどうかわからない贈答用の詰め合わせを送るより、本当に感謝の気持ちを伝えたい相手には、日常の中で別の形の気遣いをした方が喜ばれるはずです。

もし、相手が「なんだ、お中元も送ってこない、失礼だ」と腹を立てるような人なら、長い目で見てその人と付き合い続ける必要はないのではないでしょうか。

年賀状が途切れ、お中元やお歳暮の行き来がなくなり、それで付き合いがなくなっていくようなら、元々、薄いつながりだったということです。


年賀状に「また飲みに行きましょう！」と書きながら、気づけば10年くらい経っている。そんな状態のまま、年末に「面倒だな」と思いつつ年賀状を書いているなら、一度、「楽しいか、楽しくないか」を基準に自分の習慣を見直してみることをお勧めします。

広く浅いつながりで人と接していると、なかなか本音で語り合える仲間はできません。人付き合いは、数ではなく、質や関係の深さで考えることが大切です。

輪から外れると生きられない……という強い思い込み

わたしには、東京を離れて福岡へ移住者した友人がいます。

コンサルティング業を行っている彼は月に一度、仕事のために上京。東京に1週間ほど滞在します。その1週間、彼は毎晩、違う人と会食をしているそうです。

そう聞いた時、あなたはわたしの友人の行動をどう捉えるでしょうか。東京という枠から飛び出したことに勇気を感じますか。それとも福岡に拠点を移しながらも、月に一度は上京しなければならないことに不自由さを感じますか。

彼は「自分は流されやすいタイプだから、移住することを決めた」と言っています。

「東京にいると普段の生活のリズムに流されて、『顔を出さなければまずいかな』とよくわからない飲み会に行き、人付き合いの輪を広げすぎたことでやりたくない仕事も請けすぎてしまい、消耗していた」と。

そこで、彼は東京から拠点を移し、行う事業も福岡に一本化。同時に地域再生のボランティア活動も始め、「1つ1つの仕事の質が上がっている」と話します。

また、東京でのつながりについても密度が濃くなったようです。

「1週間という期間と時間の区切りがあるので、今は本当に大事な仲間としか会わないようになった。形式的な付き合いだけのつながりが減って、すごくすっきりしています」

と。

このエピソードで伝えたいのは、当たり前に必要だと思っているつながりの輪から出ても、人は充実した暮らしを手に入れられるということです。

意味のある仕事、意味のあるつながりが、あって当然、そこにいなければいけないと思い込んでいる流れから一度、降りることで見えてくることもあります。

これもまた、持たない価値観です。

自分をしっかり持った上で、持たない。都会の流れから飛び降りる。人付き合いを絞り込む。今の暮らしを守りながら、実行しようとすると流されてしまうこともあるでしょう。そこで、わたしの友人は強制的に自分を東京から引き離し、本当の意味での豊かな暮らしを手に入れました。

大切なのは、彼が自分で変わろうとしたことです。自分を持ち、覚悟を決め、動かない限り、何も起きません。本気になること。それが持たない生き方の始まりです。

異業種交流会という名の無意味な〝名刺交換会〟

はっきりと言えるのは、「異業種交流会で名刺を配っても、本当に必要な人との継続したつながりが築かれることはない」ということです。これはわたしが改めて語るまでもなく、多くの人がすでに気づいている経験則だと思います。

もちろん、異業種の人と出会うことは大切です。人と会うのは勉強であり、いろいろな人とのつながりへと発展する場に足を運ぶのは、未来への投資と言えます。忙しいから人と会う時間がないと考えるのはもったいないことで、積極的に出会いを広げ、意見交換をするべきです。

ただし、あなた以外の人が主催する異業種交流会というのは、一種のビジネスであり、単なる名刺交換の場に過ぎません。その場で知り合った相手との「僕はあの人を知っている」「あの人と名刺交換をしたことがある」「先日のパーティーであいさつをさせてもらった」といった関係は、つながりを作ったことを意味しません。

なぜなら、本当に必要な人とのつながりとは、お互いに情報を交換し、人を紹介し合い、刺激を受けながら、共に成長していけるような関係だからです。

名刺を交換し、あいさつを交わし、立ち話をした関係は、その場限りのもの。そこからつながりへと発展させられる人は必ず違う形での交流を行っています。

例えば、「この人は！」と感じた相手とは「今度」「そのうち」「近いうちに」ではなく、知り合ったその場で次に会う約束をし、スケジュールを入れてしまう。人との縁がタイミングによって大きく左右されることを知っていて、直感的に行動を起こします。

加えて、**重要なのは「誰を知っているかではなく、誰に知られているか」です。**目指すべきは、自分が頼るのではなく、むしろ相手から頼られるような関係です。

そのためには相手のために自分は何ができるかを常に考えておくこと。相手の名刺に書かれた肩書きを見て、いつか頼れるかもしれないと関係をキープするような考えは、まさに必要以上のつながりを持っている状態です。

メリットを求めてつながりを作ろうとすると、大切な人ほど遠のいていきます。しかし、異業種交流会にはどちらかと言えば、メリットを求めて、頼れる相手を探す人が集まります。これが無意味な〝名刺交換会〟になってしまう理由です。

本物の人脈を作るたった1つの手段

本物の人脈というのは、一緒に成長できる仲間、パートナーとのつながりです。勤めている会社で作ることのできるつながりは、上司や部下といった関係を起点とした「縦の人脈」が中心になります。しかし、**本物の人脈となるのは出会いの時点で、肩書きも関係なく、利害関係もない「横の人脈」です。**

そんな横の人脈を作るのに最も適している場が、異業種の人たちが集まる交流会です……と、前項で「異業種交流会という名の無意味な〝名刺交換会〟」と言いながら矛盾していると思われたかもしれません。

矛盾の理由は、会に参加するか、自分で会を立ち上げるかの違いにあります。

かつてわたしは、経営者でありビジネス書の著者である人と、メディアの人たちの交流を図る会を主催していました。会を始めた理由は、自分が初めての本を出す過程で出版社などのメディア側の人たちとのつながりの弱さを感じていたからです。

本にまとめるべき知恵や知識、経験を持った経営者がたくさんいる一方で、それを発信する手段、必要性を感じていない人もたくさんいます。そんな経営者の持つ価値に気づき、本という形にして広めたいと考えるメディアの人たち。この双方を橋渡しするような場を作ろうと思い、立ち上げた会でした。

著名なビジネス書の著者、その後、著名になっていった経営者、ベストセラーを世に送り出す編集者などが集まり、質の高い会になっていきました。

また、交流会とは別に印税に詳しい税理士や出版の契約に詳しい弁護士から学ぶセミナーなども開き、参加者にとって意味のある場にもなっていたと思います。

この会を運営するの当たって、必ず守っていたルールが1つあります。

それは、参加者を「完全招待制」にするということ。

これは会の質を保つために必要なルールです。誰でも参加自由とすれば、参加者は増えますが、集まる人の質は下がります。誰かを紹介してもらいたいだけの人や営業をしたい人が紛れ込み、交流会で人や物の売り込みが始まってしまったら、交流の意味合いは変わってしまい、会の価値も下がってしまいます。何より、「いい会になるからと」招待し、参加してもらった他の参加者の期待を裏切ることになります。そうなると、会そのものへの期待感や信頼感は下がってしまい、ますます質の低いものになってしまうのです。

ところが、普通の異業種交流会はそういう場になってしまっていることがほとんどです。

それを避けるために、わたしは「完全招待制」を守っているのです。主催する交流会のテーマに合う人、主催者である自分がいいと思う人しか呼ばないことで、質の高い会にすることができます。参加者が別の参加者を勝手に連れてきたり、ふらっと人が入ってきてしまうような会では、質を保つことはできないのです。

これは、今行っている旅をテーマにした集まりでも同じです。旅をライフスタイルにしている人たちのゆるやかな集まりですが、完全招待制で楽しさの質が担保されているので、本当に多種多様な人々が参加してくれています。

結局のところ、そこに集まる人の魅力に惹かれて、さらに多くの人が集まってくるというのが、こうした会の成功の形です。バイブスの合う人同士が場を共有することで、新たなつながりが生まれていく。売り込みのために数を回ったところで、その行動には何の意味もありません。

テーマを絞った会を主催することで、横の人脈が広がっていく

もし、あなたが自ら会を主催する時は、とにかくテーマを絞り込むことです。目的や方向性の違う人よりも、ある程度、同じ目標を持った人が集まる方がお互いにいい刺激を受け合える関係になれるからです。

せっかく会を主催するなら、参加者が「おもしろいことができる相手と縁を結べる場」にしたいもの。ビジネス書が好きな人の会、ワインの愛好家の経営者が集う会、旅好きの集まる会など、自分にとって身近で関心の深いテーマをみつけて、絞り込んでいきましょう。

会を主催することのメリットは、横の人脈がどんどん広がっていくところです。その場で出会った人同士が新しいつながりを作り、何かが始まると、会の主催者は自分も楽しんでいただけなのになぜか感謝されます。周囲は場を用意した主催者が、自分に貢献してくれたと感じるからです。

「自然と人が集まる人」とはどんな人か

わたしのところには定期的に、「カバン持ちでもなんでもいいからやらせてください」「弟子にしてください」「自分を成長させるために近くで学ばせてください」などと言って近づいてくる人がいます。

そこで、こちらは本気度を確かめたいと思い、「1円も払えないけど、それでもよければ側にいてください」と応えます。すると、皆さん「それでは生活ができないので……」と去っていきます。学びたい、教えてもらいたい。でも、お金もください……。意味がわかりません。

また、「誰々を紹介してください」「○○について詳しい人を教えてください」とたずねてくる人もいます。しかし、人の紹介は「この人とこの人をつなげたらおもしろい」と思うから行うもので、一方的に「紹介してください」「教えてください」と言っているような相手とつなげたいとは思いません。

すべてを左右するのは、本人に魅力があるかどうかです。

誰かの側で学びたいのだとしても、あなたが相手に貢献できることは何かあるのか。人を紹介してもらいたければ、あなたが双方に提供できるものは何かあるのか。やはり日頃の努力がなければ、人とのつながりは広がりません。

自分だけ得をしよう。何かを売り込もう。そんなふうに自分の利益ばかりを追う人のところからは、誰もが離れていきます。

どんな人も余裕がなくなると目先のことを追いかけてしまいがちです。もし、周囲から遠ざけられていると感じたら、あなたにとって一番大事な人と接する時、どう振る舞うと相手が喜んでくれるかを思い出してみてください。そして、その振る舞い方を周囲の人に向ければ、自然とつながりが豊かで深いものに変わっていきます。

一番大事な人とはもちろん、あなたのパートナーや子ども、気心の知れた親友です。彼らと過ごす時間の中であなたが見せている表情、気遣い、かけている言葉、気配り。または彼らに見られたら恥ずかしいと思うようなことはしないだけでも、あなたを取り巻く環境は好転していくはずです。

社内、学校、地縁……「用意されたつながり」に価値はあるか

生まれ育った場所でのつながり、学生時代に同じ場所に通った同窓生とのつながり、そして、就職した先でできた会社でのつながり。こうしたつながりの大半は、あなたが意図して作ったものではありません。進学する学校や入社する会社は選べても、そこにいる人たち全員について知ってから、出会うことはないからです。

こうしたある意味、**用意されたつながりを価値あるものとして活かせるかどうか。その違いは、あなたがどんな目標を持って生きているかに左右されます。**

なぜなら、人脈は大きな目標に沿って、ゆっくりと作られていくものだからです。

例えば、わたしが最初に就職した会社は「国際産業見本市を主催する」外資系企業でした。就職試験を受けたのは、たまたまです。当初は大企業を受けていましたが、ことごとく受からず、最後の最後、分厚い就職情報誌の業種別カテゴリー「その他」のページをめくっていて見つけた会社でした。

当時、日本では産業見本市というビジネスが始まったばかり。わたしの入った日本支社も社員50名ほどの小さな組織でしたが、本社のあるアメリカではすでに産業見本市がビジネスのメインストリームになっていて、世界中に支社を広げていました。

たまたま入った会社でしたが、そこで出会った上司がすごくいい人で、年齢に関係なくいろいろなことを任せてくれた。そこで産業見本市自体の説明から入る営業を繰り返しながら、3年後に退社するまでの間に、わたしの仕事に関する基礎体力が作られたと思っています。

というのも、「産業見本市」は目に見えないものです。しかも、1年先に開催するものを売らなければいけない。何かプロダクトがあれば、「性能が向上していて」などと言えますが、形のないものを相手に買ってもらうのはとても難しいことです。

しかし、形のないものを売るということは、同時に形を作る余地もあるということ。お客さんのニーズを聞き、反映させて産業見本市自体をよりいいものにする。上司に支えてもらいながら、そんな仕事の仕方を繰り返すうち、たくさん勉強させてもらいました。

また、目に見えないものだったからこそ、結局は売っている本人の人間を理解してもらい、信用してもらわなければ買ってもらえない。つまり、営業活動を通じて社外の人のつながりも生まれていったわけです。

用意されたつながりに安住せず、土台として活かしていく

わたしは２００４年にハワイと東京のデュアルライフを実現しましたが、計画したのは大学生の頃です。それを知らない人からは、事業に成功して手にしたお金を元手に拠点をハワイに移し、好きなサーフィンをしながらのんびりしていると誤解されがちですが、じつは実現に20年かかっています。

その経験から思うのは、用意されたつながりを価値あるものにできるかどうかの違いが、あきらめずに目標を追い続けられたかどうかにかかっているのだということです。

例えば、わたしが最初に就職した会社を3年で辞めたのも目標実現のためでした。当時は仕事も覚え、社内での立場もでき、クライアントとの関係も良好で、居心地の良い状態でしたが、ＭＢＡ取得のために退社。留学後は、絵に描いたような貧乏生活でした。

しかし、前職時代に作った社外のつながりや学生時代のつながりをたどり、アメリカの最新インターネットビジネス事情やベンチャービジネス情報を提供することで収入を得て、状況を好転させていくことができました。

もしも若い頃のわたしに、「なんとかして自分が望むライフスタイルを実現させたい」という切羽詰まった気持ちがなければ、たぶんアメリカには行かなかったことでしょう。しかし、**目標のために動いたことによって、用意されたつながりで得たものが役に立ったのです。**

目標に関して言えば、これまでも周囲にいた人が、すぐに成果を求めては、できなくてあきらめてしまう姿を目の当たりにしてきました。その時、用意されたつながりで作られたコミュニティは、あきらめた人をやさしく受け止めてしまいます。

はっきり言えるのは、その居心地の良さに甘えてしまうのも、短期間で成果をあげたいと考えるのも間違っているということです。

よほどの天才でない限り、短期間で成果を出す方法はありません。しかし、時間をかければ誰でも目標に近づいていくことができます。プロのサッカー選手も、昨日今日サッカーを始めたわけではありません。小学校の頃からの積み重ねがあるから、今の姿があるわけです。

2、3年でできると思うのではなく、10年、20年やり続けていくこと。用意されたつながりに安住せず、土台として活かしていくこと。それが大切です。

「ひとりの時間」はなぜ必要か

今の時代、何かを調べたいと思った時、片手にスマホがあればすぐに答えを知ることができます。これは20年前には考えられなかった環境です。

ところが、その圧倒的な便利さの一方で失われてしまった時間があります。


それは「ひとりで立ち止まって考える時間」です。

例えば、自分の生き方や仕事についての悩みも、ある程度はネットが答えてくれます。

そんな環境の中で過ごすうち、わたしたちは流されがちになってはいないでしょうか。

何かを決める時、すぐにネットの向こうに答えを求めるのは、外部のアドバイザーに判断を求めるようなものです。もちろん、法的な解釈など専門家の見解が必要なケースはあります。また、「近くのおいしいお店を探す」といった日常的な情報収集の一環として人々の口コミを見るのもいいでしょう。

しかし、それでも最後に決めるのは自分自身だということを忘れてはいけません。

「口コミで高評価だったから」「人気企業ランキングで上位だったから」「あの人がいいと言っていたから」など、最終的な判断を他者に委ねてしまうのは自分で考える力を鈍らせます。

しかも、**失敗した時、「うまくいかなかったのは、間違ったアドバイスや環境のせいだ」と言い訳するようになってしまうのです。これでは失敗を糧にすることもできず、言い訳ばかりがうまくなる負のスパイラルに陥ってしまいます。**

一方、自分自身の足で調べ、考え抜いた上での判断は失敗したとしてもリカバリーできます。なぜなら、ミスの原因を自分の中に求めるので問題点を改善し、軌道修正できるからです。

「本当にこれでいいのだろうか?」

そう不安を感じた時ほど、ひとりになる時間を持ちましょう。そして、じっくりと考えることです。

今、あなたが向き合っている課題のこと、家族のこと、人生のこと。流されやすい環境が整った時代だからこそ、ひとりで突き詰めて考える時間を持つことに価値があるのです。

ひとりの時間への投資が未来のあなたを作る

一番怖いのは、なんとなく流されたまま生きてしまうことです。

朝起きて満員電車に揺られながら会社に行き、与えられた仕事をこなす。夜、会社を出て家に帰り、食事を済ませて、床につく。休日は家事や雑事を片付け、ぼんやりと過ごすうちに終わってしまう……。

忙しい日々では当たり前になりがちな時間の使い方です。

こうした時間は、たとえ、ひとりで過ごしていても物事を考える時間にはなっていません。**物事を考えるための「ひとりの時間」は、あえて作らなければ取れないものです。**

ところが、忙しさの中で、「人生には大きな変化はない」「日常には終わりがない」と勘違いしていると、人は立ち止まって考えることをサボりがちになってしまいます。

でも、もしあなたの身に明日、何かが起きるとしたらどうでしょう？

手遅れになる前に、ひとりの時間を作り、「この生活を続けていったら、10年後の自分はどうなるか」を想像してみましょう。日常がいかに大切な時間か気づくはずです。

流されたままになっている時間を有効に使うようにして、「この人はおもしろそうだな」「会ってみたいな」と思われるような人になれるよう投資していきましょう。

インプットが少ない人はアウトプットも少なくなり、周りに貢献する機会が減っていきます。

ひとりの時間を大切にし、あなたの興味の赴くまま、本を読み、旅をし、地場のおいしいものを食べる。そういった1つ1つの経験がインプットとなり、あなたの未来への投資になるのです。

10年後は遠い未来のようで、確実に今日という日とつながっています。

第4章

「やらなくていい仕事」を持たない

無意味に重い通勤カバン……まず「ハコ」から変えてみる

あなたは、「**カバンを持つから荷物が増える**」と考えたことはありますか？

わたしは2年ほど前から実験的にカバンを持ち歩くことをやめました。最初はあえての取り組みでしたが、今ではどうしてもMacBookを持たなければいけない時以外、手ぶらで移動しています。

そうなってみて気づいたのは、テクノロジーの進化に伴い、スケジュール帳やカメラ、各種資料などのペーパー類がスマホの中に収まったこと。そして、**仕事に必要だと思ってカバンに入れていた多くの物がじつは安心するための材料**だったということです。

「もしかしたらいつかいるかも……」と準備していた物のほとんどは、結局、いつになっても必要ありませんでした。

そんなふうに実験してみて初めて得られる気づきというのは、カバンの持ち歩きに限らず、たくさんあります。

もちろん、仕事のステージによっては荷物をたくさん持たなければいけない時期もあるので、全員が試すのは難しいかもしれません。

それでも週に一度でもいいので、カバンを持たないで通勤してみるという実験をしてみてはどうでしょうか。カバンという小さなハコを使った実験だとしても、その効果は確実です。

制約をかけ、日常を自分なりの実験の場に変えていくことによって「本当に必要なモノ」と「じつはいらないモノ」が見えてきます。カバンの例のように、一度「カバンを持たない不安」という小さな制約をあえて課すことで、結果的に「カバンがなければ仕事ができない」という大きな制約を取り除くことだってできるのです。

世の中には、誰にも通じる正解はなく、あなたがやってみなければ、そのやり方が自分に合うかどうかもわかりません。大切なのは、人生において常に新しいやり方を試し、自分なりの発明を繰り返していくことです。

人は積極的に変化を受け入れないと、今以上の自分には成長できません。実験を恐れ、変化を遠ざけ、成長を忘れてしまうことで困るのは将来のあなたです。さまざまな環境を革新していく側に立った方が、明るい未来につながります。

その「書類」に「会議」、何のためのもの？

仕事をしているとなかなか切り離すことのできない作業が、書類作りや会議への出席です。しかし、本当に必要なのかどうかよくわからないまま慣例的に作っている報告書や用途が明確ではない資料。現状を報告し合い、次回の開催予定を決めただけで終わる会議。やらなくてもいい仕事のはずなのに……と感じながら従っている人も多いはずです。

そこで大切なのは、**その「書類」や「会議」が何のためにあるものか？　という本質を見失わないことです。**

この書類や会議はどんな成果を出すために行われているのか……それを問い続けながら、枠の中で改善を試みていきましょう。そうやって作り出した時間を投資し、自分の力を高めていくことで会社の仕組みとの向き合い方を変えることができます。

例えば、わたしが会社に務めていた頃に見た印象的なシーンがあります。

それは、クライアント先の会社を訪れていたときのこと。そこの会社のある幹部社員は、日頃から会議の途中で入退出していました。周囲に実力を認められていた彼は、自分に関わりのある議題のやり取りが終わると、さっさと席を立ってしまうのです。しかし、とがめる人は誰もおらず、ミーティングは淡々と進んでいきました。

考えてみれば、合理的な選択です。彼は自分がそのまま会議室に残っていても会社に貢献できることはないと割り切り、周囲にもそれを認めさせる成果を出していました。

会社の仕組みそのものを変えることはできませんが、その仕組みが自分にどう関わっていくかを変えることはできるのです。

また、**わたしは自分でビジネスを始めてから、企画書を一切作らなくなりました。**

そもそも企画書とは、企画を理解してもらい、通すための1つの手段に過ぎません。提案者がどんなアイデアを持っているのか、相手がそれをわかっていないなら作らなくてはいけないでしょう。しかし、事前に人間関係ができていて、わざわざ書類の形で示さなくても意思疎通をはかれるのであれば、必ずしも必要なものではないのです。

あなたが追われているその仕事、本質に返ればどこまで力を入れるべきものでしょうか。

仕事ができない人ほど「長文」と「手書き」にこだわる

あなたは仕事で1日に何通のメールを送り、何通のメールに目を通していますか？

メールはビジネスに欠かせないツールとなっていますが、わたしは長文のメールを書く人や、手の込んだ添付ファイルを送ってくる人で仕事ができる人を見たことがありません。

なぜなら、そこには**「相手の時間」へのリスペクトが感じられない**からです。

詳しく説明しましょう。

まず、長文でメールを送ってくる人。彼らは、長いメールは書いている「自分の時間」だけでなく、読んでいる「相手の時間」まで奪うことになることを理解していません。

それに気づかずに長文のメールを書き、送信する人は、「相手のことをまったく考えていない」と表明しているようなもの。また、メールの文章がずるずると長くなってしまうのは、自分の思考が整理されていない証拠でもあります。そのような「未完成」な状態で相手に読んでもらうことも、失礼な話です。

相手にとって長文のメールは読みにくく、時間を奪うものであり、送信した本人にとっては自分の評価を下げる効果しかありません。

次に、添付ファイル付きのメールを送ってくる人。中には、メール本文はあいさつだけで、本題を添付ファイルで添えてくる人もいます。

そういう人は、受け取り側の時間的なコストを考えたことはあるのでしょうか？

想像してください。よく知らない相手から、本文で要点が示されず、「添付ファイルを見てください」とメールが届いた。そして、長々と添付ファイルの内容を読まされた結果、自分には興味のない話だったとしたら……きっと、時間をムダにしたと思うはずです。

もしくは、メールを受け取る相手が通信事情の悪い場所や地域に滞在していたら、添付ファイルを開けることが困難なこともあります。結果的に、「開けない」と返信するストレスを与えるだけです。

カン違いしている人が多いですが、添付ファイル付きのメールは、先に一瞬で読めるようなサマリーにまとめて、相手から「興味がある」という反応があって初めて送るべきものです。

長い資料を読ませる行為は、上司が部下に「コレ読んどいてね」と資料を渡すのと同じような行為。あろうことか、それを忙しい相手にしてもらっている……失礼だとは思いませんか？

あなたが「長い文章や手の込んだ企画書を添付することが、やる気や熱意を伝える」と考えているなら、すぐに改めましょう。

もちろん、初めてメールを送る相手や丁寧さが求められる状況では、礼儀としてのバランス感覚が必要です。しかし、定型だから守るというのは思考停止。相手の時間をリスペクトし、相手のことを想像しながら、常識を手放して使い分けていく姿勢が大切です。

「自分のことしか見えていない人」はがんばっても相手にされない

また、手書きの手紙にすれば思いが通じると考えている営業マンもいます。

わざわざ封書にして送り、自分の思いを書き連ね、最後に商品の売り込みをしてくる。

本人は情熱を見せているつもりかもしれませんが、売り込みたいという思いが浮き彫りになり、あざとさを感じるばかりで逆効果。テクニックとしての手書きだというのは、すぐにわかります。受け取る側の視点を想像してない典型例です。

不用意な長文のメール、不必要な添付ファイル付きのメール、不用意な手書きの手紙。いずれの場合にも共通しているのは、送り手が受け取る相手のことを考えていないということです。

自分の要求を伝えたい。自分の熱意を披露したい。自分のがんばりを見せたい。自分から買ってもらいたい。自分に有利な状況を作りたい。

受け手はすぐに「この人は自分のことしか考えていない」と気づきます。

しかし、自分が受け手になった時にはすぐわかることが、送り手になった途端、見えなくなることもあります。

意図せず、相手の時間を奪うことになってはいないか。

目先の利益のために想像力を失っていないか。

自分勝手な思考になっていないか。

人の時間を奪ってしまうのは大きな罪です。自分が加害者になっていないか。振り返ってみる時間を持つことが大切です。

労働時間が「ムダに長い」人に共通していること

同じフロアには定時に帰る同僚がいるのに、自分はいつも残業続きで自由に使える時間を作ることもできない……。

もし、あなたがそんなふうに悩んでいるなら、仕事の仕方を見直していきましょう。

時代は刻々と変化し、今はどれだけ作業をしたかではなく、どういう成果を出したかが重視されるようになりました。長期間同じ会社で働けば出世が約束されていた高度経済成長の頃と同じ発想では、会社に使い捨てられることになるからです。

経験上、**労働時間の長い人には、2つの共通点があります。**

1つ目は、成果につながらない作業の多さと、それにかける時間の長さです。

例えば、プレゼンテーション用の資料を用意する際、あれこれ頭を悩ませながら時間をかけ、見た目に優れたレジュメを作ってしまう。しかし、それが成果に結びつくかと言えば、そうではありません。

重要なのは伝えるべき内容の質であり、見た目やそれを作るために費やした作業時間ではないからです。むしろ、成果から逆算するという視点に立つと、その作業は残業や徹夜までして取り組むべきものではないことが少なくありません。

ところが、**長時間労働に悩む人の多くは「作業時間＝仕事」だと思い込んでいるのです。**

以前、スウェーデン在住の日本人女性を取材したことがあります。彼女はスウェーデンの海運会社の日本支社に勤務していた頃、同僚のスウェーデン人と結婚。現在は、夫婦でストックホルムに移り、同じ会社の本社で働いています。

日本支社時代、彼女は同僚たちとともに残業するのが常で、21時、22時までデスクにいるのを当たり前だと思っていたそうです。ところが、ストックホルムでは誰もが17時ぴったりに仕事を終え、オフィスを出てしまいます。

そんな周囲に合わせているうち、日本支社時代と業務は同じなのに、自分も短い時間でできてしまうようになったというのです。当初、彼女は「今までどれだけムダなことをしていたんだろう？」と不思議に思っていたそうですが、じつはここに労働時間の長い人の2つ目の共通点があります。

それは、**やらされ感を持って仕事をしていることです。**

「周りもそうだから仕方がない」「この仕事はそういうものだからしょうがない」と。

そんなふうに感じながら、周りの環境に流され、「長時間やらないと周りから認められない」「この仕事は残業しないと終わらない」と思い込んでしまう。すると、思考停止状態になってしまい、疑うことなく長い時間働くというしんどい状態から抜け出すことができなくなるのです。

もし、あなたが今、「自分だけが残って毎日のように残業をさせられている」と感じているなら、必ず費やしている作業のどこかにムダがあるはずです。まずは、そのムダを洗い出し、作業そのものとそれにかけていた時間を捨ててしまいましょう。

人は時間があると思うと、効率化の努力や工夫をしなくなり、やらされ感を持ちながら、どんどん時間をかけるようになります。この法則を理解し、あなた自身の仕事の仕方、取り組み方を見直していくべきです。

周りに合わせた「ダラダラ仕事」をゼロにする方法

では、ムダな長時間労働から解放されるには、どうすればいいでしょうか。

まず考えられるのは、プレゼン資料の例のように、仕事のゴールを見据えて「この作業は何のために行うのか?」を問う習慣を持つことも大切です。

それだけで、「やるべきこと」と「やるべきではないこと」のタスクの選択がはっきりとし、ムダを減らすことができます。

また、「時間があるだけ、時間をかけるようになる」という法則を逆手に取るのも効果的です。つまり、あえて「時間がない状態」にしておくのです。

そのために効果的なのが、締め切りを設け、成果から逆算した時間割を作ること。

スウェーデンの海運会社の例のように、外部の環境の変化によって「仕事は17時に終わらせなければならない」という締め切りができるだけで、人は変わっていきます。

もし、外圧がないのなら自分で「定時に帰る」というルールを設けて明日から実行していきましょう。それまでのムダが浮き彫りとなり、時間内に終わらせるための試行錯誤が始まります。すると、やらされ感がなくなり、作業は成果のための仕事となっていくのです。

仕事の質は〝仕事外の質〟で決まる

仕事の質がはっきりとした差として表れ、なおかつ、それを不特定多数の人から評されるのが、飲食店のシェフたちです。1年先の予約が取れない人気店もあれば、シェフの努力と反比例するように客足が遠のいていく店もあります。

わたしは食べることが大好きで、仕事人としてのシェフを尊敬しています。そんな彼らと交流を重ねるうちに気づいたのが、優秀なシェフとそうではない人の違いです。そして、その違いはそのまま一般のビジネスパーソンにも当てはめることができます。

例えば、フレンチのシェフは3つのタイプに大別されます。

1つ目のタイプは、忙しくて外食に行けないシェフたちです。彼らは誠実に仕事をし、週に1回の休みも店の雑務に追われ、なかなか自由な時間を持てずに過ごしています。

2つ目のタイプは、インプットのために外へ食べにいくという意識で、忙しい中でも時間を作り、他のフレンチの店に出かけていくシェフたちです。

3つ目のタイプは、新たな発見を得るために必ず自分の専門とは別の料理の人気店、繁盛店、新店に足を運ぶシェフたちです。和食、中華など、彼らはフレンチの枠にとらわれず、外からインスパイアを受けて自分の仕事をさらに良くしようとしていきます。

この3タイプのうち、最も伸びていくのは3つ目のタイプのシェフたちです。

彼らは食を楽しむだけでなく、限られた休日を存分に使い、映画や舞台、アート作品などに接する時間も大切にしています。

それは普段の環境とは異なる場に身を置くことが、自分の枠を広げ、結果的に仕事の質を上げていくことをよく知っているからです。

逆に、伸び悩んでしまうのは、忙しいことを理由にして自分を縛ってしまうタイプです。

どれだけ懸命に仕事に向き合っていたとしても、「そんな暇はない」とインプットを疎かにしていると、アウトプットの質はだんだんと下がってしまいます。

新たな発見を得るための時間を「天引き」する

あなたの仕事の仕方、休日の過ごし方は先ほどのシェフの3タイプに当てはめると、どのタイプでしょうか？

休日はゴロゴロしている。そもそも仕事が忙しくて休みが取れない。アフターファイブも会社の上司や同僚と一緒に過ごし、仕事の愚痴を重ねている。自分の仕事に役立ちそうなセミナーや勉強会に参加している。

そんなふうに1つ目や2つ目のタイプのシェフたちと近い日々を送っているなら、注意が必要です。インプットの機会が社内や同業の集まりに限られている人は、慣例や業界の常識に縛られやすく、縮小再生産を繰り返しながら、外で通用しない人材になってしまいます。


もし、あなたが「インプットの機会を増やせない理由は時間のなさにある」と考えているなら、いい対処法があります。それはあらかじめ時間を天引きしてしまうことです。

わたしは時間の使い方を大きく4つのカテゴリーに分類してきました。

1つ目は自己投資である「インプット」の時間。この内容は人によって変わってきますが、わたしの場合は、人に会う時間、読書の時間などがこれにあたります。

2つ目は仕事をしている「アウトプット」の時間。3つ目は食事や風呂や睡眠など「生活」の時間。そして、４つ目は自由に使う「プライベート」の時間です。

まずは、あなたの今の24時間を30分～１時間単位で、４つのカテゴリーに分類していきましょう。そうして時間を可視化したら、インプットに使うための時間を天引きしてしまうのです。

これは天引き貯金と同じ考え方です。計画なしに使うだけ使って、余ったお金を貯めていこうとしても貯金は増えません。**時間も「時間があったら勉強しよう」「暇ができたら本を読もう」「休みが取れたら人と会おう」では、いつまでたってもインプットのための時間を作ることはできません。**

ところが、最初から「普段は会わない人に会い、いつも行かない場所へ行く時間」をスケジュールから先に天引きすると、時間を確保することができます。

そうやって作った限られた自分の持ち時間。これを生かすため、同じ会社の人との付き合いや同じ業界の人との交流はどんどん減らしていってかまいません。もちろんゼロにする必要はありませんが、できる限り捨ててしまい、その代わりに新たな発見を得られる人や場所とのつながりを増やしていきましょう。

「出世のためにがんばる」ことはなぜ無意味なのか

仕事をする中で評価され、出世することには何の問題もありません。

しかし、出世がゴールになってしまうのは大きな問題です。出世やそれにともなう役職の変化はあるハコの中での出来事であって、一般社会から見ると大きな価値を持つものではないからです。

例えば、転職市場に出た50代の男性が、再就職支援のエージェントに「僕は部長でした。部長ならできます」と自己紹介したとして、それにどんな意味があるでしょうか？

たしかに、大きな会社ほど、「このプロジェクトに対して予算を引き出すためには、あの人に言って根回しをして、あの役員に働きかければうまくいく……」「この企画を通すには、あの部長を押さえておかなければいけない」といったスキルが昇進のカギになるケースがあります。

しかし、それはその会社というハコの中でしか通用しないスキルです。

他の会社に行ったら、その役員、その部長はいませんから、その人の持つ調整能力も能力として評価されません。本人が同じ会社でずっと働いていくつもりならば役立つスキルと言えるかもしれません。しかし、終身雇用制の崩れた今、本人のポジションがこの先も守られる保証はないのです。

ですから、**結果として出世が付いてくる人と、「課長になりたい」「部長になりたい」という目標でやってきた人では、外からの評価がまったく異なります。**

日本では、会社などの限られたコミュニティの中で認められることに大きな価値があると考えられてきました。

しかし､これからの時代､そうした限定的な承認の持つ重要性は急速に薄れていきます。いくら「がんばった」「すごい」と言われたところで、その評価はその場限りのもので、会社がなくなってしまえばそれまでです。

もちろん、あるコミュニティでがんばりを認められ、評価を受けるというのは立派なことで、褒められるべきことです。ただし、そこに喜びを感じ、安心してしまってはいけません。

狭い世界できちんと評価を得られる人だからこそ、もっと広い世界で認められることを求めるべきです。出世は社内に限られたものですが、広い世界からの「がんばったね」は、たとえ会社がなくなっても続く、あなた自身への評価だからです。

会社員という守られた立場だからできること

また、社内での出世を第一に考えることには別の弊害もあります。

それは、減点されないようにどうしても守りに入ってしまうことです。

変化はしてきているものの、多くの日本の会社の人事評価は今も協調性を重視しています。そういった組織でマイナスの評価を受けないようにするには、下手にチャレンジなどせず、上司に言われた通りにしている方が確実です。そして、そういうタイプが会社にとって扱いやすい社員として評価され、中間管理職までの道は開けやすい仕組みにもなっています。

特に終身雇用的な仕組みの残る企業に守られ、そのコミュニティに依存していると、「この時期に昇進試験を受けて」「ここに出向して」「この営業所に転勤して」と、敷かれたレールにそのまま乗っていくようになります。

キャリアについて自分で考える機会も減り、それでも「がんばっている」と評価してもらえることで安心してしまいます。

ところが、こうした環境に慣れているとチャレンジするマインドが失われていきます。これは非常に危険な状態です。

新しいことに挑戦した経験のない人は、会社の外に出た途端、手持ちの武器が何もない状態に陥ってしまいます。アピールするスキルも、評価されるスキルもないまま、転職市場に出た人の行く末は悲惨なものです。

会社とは、いわば毎月の給料という名の「ベーシックインカム」が保証された環境。そんな安定した環境だからこそ、チャレンジすることができるのです。

出世を第一に考えるよりも先に安定した環境を有効に利用していきましょう。自分のスキルに磨きをかけることが、来るべき時の備えになるのです。

デスク仕事の8割はスマホ〝だけ〟でできる

わたしは日本とハワイに住まいを持ち、ヨーロッパを中心に数多くの国々を旅して生きるノマドライフを実践しています。移動しながら会社を経営し、ベンチャー企業への投資育成に携わり、執筆活動を行い、大学などで講演し、食やワインに関する講座を持ち、トライアスロンやサーフィンといった趣味の時間も欠かしません。

こうしたライフスタイルを支えてくれるのが、モバイル機器やウェブ環境といったテクノロジーの発展です。

デスクトップパソコン、ノートパソコン、スマートフォン。この3つのうち、わたしが仕事で使うツールの割合はこの10年でこんなふうに変化してきました。

２００５年はデスクトップパソコンが5割、ノートパソコンが5割
２０１０年はノートパソコンが7割、スマートフォンが3割
２０１５年はノートパソコンが2割、スマートフォンが8割

20年前にあった選択肢は、デスクトップパソコンだけでした。

携帯電話もあまり普及しておらず、10年前はiPhoneもありませんでした。デスクトップパソコンとノートパソコンを5対5の割合で使っていた時期は、やはり「仕事をするには机にいなければならない」時代だったわけです。

それが2007年にアメリカでiPhoneが発売され、2010年くらいからデスクトップパソコンを使わなくなったことで、わたしは机から解放されました。とはいえ、主に使うパソコンがデスクトップからノートに変わっても、移動しながらできる仕事は限られ、動けるけれども座る場所は必要でした。

それが今はどうなったのか。ノートパソコンを開かない日が何日も続くくらい、仕事のほとんどが、iPhoneで成り立ってしまうようになりました。仕事机は無用の長物となっていて、もう5年くらい座っていません。わたしはオフィスにいる時でさえ、ソファで仕事をすませています。

その結果、**「働く場所を持つ」という制約からは完全に自由になりました。**

とはいえ、「だから、あなたもスマホで仕事をしましょう……」と押し付けるつもりはありません。重要なのは、5年単位で急速にテクノロジーが変化している点です。これからもその進化はさらに加速し、今まで想像できなかった世界になっていくのは間違いありません。

その時、テクノロジーを使いこなすベースのスキルが身についていなかったとしたら、これはとても不自由なことです。今のうちからお金と時間を投資しておくことで、新しいツールがあなたの仕事の仕方に自由を与えてくれます。

デジタルツールを使うスキルは、一生役立つストック型のスキル

わたしがデジタルツールとの付き合いで貫いているルールは、**機器を厳選し、これと決めたら徹底的に使いこなすことです。**しかも、集中的に初期投資をして、入手後すぐに機能を完全マスターします。

例えば、初めてデスクトップパソコンを手にした時、最初にしたことはタッチタイピングの練習です。3日間、ずっとタイピングを続け、タッチタイピングを身につけました。

そして、MacBookやiPhoneを購入した時も専門家の教えも請いながら、徹底的に使えるようにしてきました。特にiPhoneを使い始めた時は、タッチタイピングと同じように

フリック入力のアプリをいくつも買い、入力のスピードを速くする練習を重ねました。

なぜ、そこまでするかというと、デジタルツールを使うスキルは一度身につけてしまえば、一生役立つストック型のスキルだからです。

テクノロジーが進化しても、ベースのスキルを身につけていれば情報をアップデートすることでたやすく対応することができます。そして、最新の機器はとりあえず試してみること。これもある意味、人生における実験であり、わたしの場合、不便でもあえてやってみることで今ではスマホで8割の仕事ができるようになりました。

テクノロジーを使いこなせるようになったことで、デスクトップパソコンや机といった制約を持たず、より自由にどこでも仕事ができるようになったわけです。

もしあなたが働く場所に縛られたくないと本気で考えているのなら、テクノロジーとデジタルツールを使いこなすスキルに投資を始めるべきでしょう。これらを使いこなしてシンプルに、自由に生きる。これは時代の方向性であり、無視することのできない潮流です。

会社を「愚痴る」人と会社を「自分好みに変えられる」人の違い

日本人なら誰でも知っている大企業が大規模なリストラを始め、地域の雇用の受け皿となっていた名門企業が外資に買収され、毎年いくつもの企業が倒産している今、会社も職業もずっと同じ状態が続くものではなくなりました。

1つの会社で定年まで勤め上げるというキャリアプランを果たせる人は少なくなり、「わたしは○○社の○○です」という肩書きに安心してしまうと、変化に対して柔軟に対応できなくなってしまいます。

そういう環境に自分がいることに気づかず、会社の愚痴をこぼしてばかりの人の将来には暗雲が立ち込めています。

なぜなら、愚痴をこぼしている人は知らず知らずのうちに、会社への依存度を高めているからです。うまくいかない責任を会社に転嫁して、やらされ感を抱えながら仕事をする。自分がうまくいかないのは、上司のせい。「うちの会社が」「うちの部長が」と言いながら、心の底では「会社にいれば食っていける」という安心感を抱いているはずです。

しかし、30歳のビジネスパーソンの労働寿命が、あと35年残っているとして、会社そのものの寿命はどうでしょうか？

35年もの寿命が確実に保証された会社など、どこにもありません。実際、過去10年の日本の倒産企業の平均寿命を調べると、約23年というデータ（東京商工リサーチ調べ）があります。ほとんどの場合、従業員の労働寿命よりも、会社の寿命の方が先に尽きてしまうのです。つまり、ぼんやりと会社に依存し、愚痴をこぼしている人はかなり大きなリスクを背負い込んでいるわけです。

とはいえ、1人の社員が奮起して会社そのものを愚痴や不満を感じないように変えることはできません。変わるべきなのは会社ではなく、社員です。

というのも、**自分の外にあるものを変えることはできなくても、自分の中を変えていくことは可能だからです。そして、自分の中を変えることによって出てきたアウトプットによって、自分の外にあるものを動かすことができます。**

具体的には、仕事をしながら、「会社の中だけで通用するスキル」ではなく、ITや語学力、公的資格などの「どこに行っても通じる汎用的なスキル」を身につけること。加えて、「会社の看板に頼らずとも付き合ってくれる人脈」を作ることも大切です。

会社に依存している状態から依存しない状態になれば、すべての仕事が将来の自分のためにやっていることに変わり、イヤな上司の存在も気にならなくなっていきます。

会社を自分好みに変えられる人の仕事の仕方

わたしには、「会社に依存しない会社員」としていつも思い浮かぶ人がいます。彼は、ハワイ好きという共通点で知り合った大手広告代理店に勤める知人です。

社内で確実なキャリアを積み上げてきた彼は、ある時、「好きなハワイの仕事をしたい」と考え、ハワイ州観光局の仕事を取ろうと奔走し始めます。しかし、すでに日本の窓口はライバル会社が押さえており、普通の営業マンなら「絶対、無理」と判断するような状態でした。

ところが、彼は会社の看板ではなく、ハワイへの愛あふれる男として観光局やライバル社の担当者と接近。現地の話題で盛り上がるうち、完全に打ち解けていったのです。もちろん、その間、本来の社業もきちんとこなしていました。

結果的に彼はハワイ州観光局の仕事を取ることに成功し、今では上司を巻き込んで社内に専門の局を作り、局次長となっています。

このエピソードには、見逃してはいけないポイントがあります。それは彼が損得勘定抜きで好きなハワイの仕事が欲しいと奔走したことについて、会社は応援も反対もしていない点です。

その間、彼の労働時間は相当長くなっていました。しかし、彼が「俺がこれだけやっているのに、会社は何の後押しもしてくれない」などと愚痴をこぼすことはありませんでした。なぜかと言えば、彼は自分の意志で新しい仕事を作るために動いているからです。

そして、会社が動いたのは契約が取れてから。**先に彼が変化を起こしたことで、会社が彼の望む方向へと変わっていったのです。**

つまり、会社を自分好みに変えられる人とは、将来の自分のために動いている人のこと。会社へ依存して、目先の仕事を「やらされ感」を持ちながらこなしていても誰ひとり得をしません。ただ、あなたが損をするだけなのです。

「好きを仕事にする」という一瞬のまやかし

若い人向けの本を読んでいると、よく「好きなことを仕事にしよう！」というフレーズを目にします。耳心地のいい言葉ですし、たしかに好きなことを仕事にできたら幸せになれそうな感じがします。

でも、わたしはこの言葉自体が好きではありません。なぜかと言うと、「好きなことを仕事にしよう！」というアドバイスが無責任な一種のまやかしだからです。

例えば、ここにサーフィンが好きな若者がいたとしましょう。彼は海の近くで、好きなサーフィンを感じながら働きたいとサーフショップの店員になったとします。

わたしもサーフィンが趣味で、ハワイでは毎日のように楽しんでいるほど大好きです。でも、もし若い頃にサーフショップの店員になっていたら、確実にサーフィンが嫌いになっていたと思います。

なぜなら、サーフィンが好きな人が第一に考えるのは、「波がいい時にすぐ海へ行きたい」「そのために波のあるところの近くに住みたい」ということだから。

サーフショップはたしかに海の近くにあります。でも、店員になってしまった以上、どんなにいい波がきても営業時間中に店を抜け出すことはできません。売上を伸ばすためには好きでもないメーカーのサーフボードを売らなければいけない場面も出てくるでしょう。なにより生活の糧を得るためにサーフィンを我慢して、サーフィンのできる環境の中で店にいなければいけないのです。

つまり、彼は**好きなことを仕事にするという手近な選択肢を手にしてしまったことで、逆に好きなことから遠のいてしまった**わけです。


サーフィンが好きでライフスタイルの中心に置きたいのなら、まず考えるべきなのは、いい波が来た時にすぐ海に行ける自由さと、海の近くに住まいを構え、都市部へ出勤しなくてもいい生活をどう組み立てていくか。手に入れたいライフスタイルを実現するための仕事を探すこと。一番避けるべきなのは、時間給的な仕事です。

また、「旅行が好きだから旅行代理店を第一希望に面接を受けていきます」という就活生と会うこともあります。この発想もまた短絡的すぎて、わたしは理解できません。たしかに旅行代理店に就職し、ツアーコンダクターになれば旅行はできます。

ただ、ツアーに参加する人たちの多くは旅慣れないお客さんたちです。彼らを通り一遍の観光地へと案内する仕事が、旅好きを満足させるとは思えません。むしろ、仕事である決まりきったツアーを重ねるうち、旅そのものを嫌いになってしまうのではないでしょうか。

好きなことを仕事にするのではなく、好きなことが仕事になる

ここでも選択肢としては、きちんと休暇の取れる別の仕事を持ち、自由な旅を大切にするライフスタイルの方が幸せに近づくはずです。そして、そのライフスタイルを続けるうちに、旅を通じて得たさまざまなインプットが自分のスキルと組み合わさり、好きな遊びが仕事になるということが起こります。好きなことを仕事にするのではなく、好きなことが仕事になっていくのです。

わたしの場合、旅を通じてさまざまな国や地域の食を楽しむうち、日本やハワイの飲食店にアドバイスをするようになり、今では海外に進出するレストランの顧問も務めていま

す。

好きと仕事の関係で大前提となるのは、いきなり好きなことを仕事にしてはいけないということです。まずは個人としてきちんと稼げるビジネスのスキルを身につけ、好きなことを趣味として自由に楽しめるライフスタイルを作りあげていきましょう。

それができていないまま「好きなことを仕事にしよう！」「嫌いなことはしたくない！」と理想を追いかけても、道は開けません。


わたしは若い時からずっと仕事と遊びの垣根をなくすことを目指してライフスタイルを築いてきましたが、それは最初からすぐにできることではありません。時間をかけて準備をし、少しずつ移行していくというのが実現可能な方法です。

人生には何かに焦点を合わせて、徹底的にがんばる時期が必要です。

「今が楽しければいい」と思って刹那的に生きていたら、何の能力も身につきません。

自分に必要な能力を身につけてからでも、人生はたっぷり楽しめます。

会社の外に出ても通用する人の共通点

わたしたちがプロのスポーツ選手の活躍を目にするのは、試合でプレー中の姿です。しかし、わたしたちの目には入らないところで、彼らプロのスポーツ選手は試合に出るため、日常の大半の時間を練習に費やしています。競技そのものの練習もあれば、コンディションを整えるためのジムトレーニング、食事のケア、生活サイクル作りも試合に出るための練習の一環です。

彼らはそれを誰かにやらされているのではなく、プロとしてお金をもらい、レギュラーとしてポジションを取って活躍するために自ら行っています。

一方、会社で働く人にとっての試合とは？　と考えた場合、通常の業務そのものが試合と言えるでしょう。プロのスポーツ選手と比べると、会社員が行う試合の回数は多く、プレー時間も長く、出場機会にも恵まれています。

では、あなたは試合に向けてどのくらい練習を積み重ねているでしょうか？

ビジネスパーソンにとっての練習は「勉強」です。普段の仕事が本番で、勉強が練習。プロのスポーツ選手で、練習をせずに試合にだけ出る選手はいません。勉強しないのは練習をサボるのと同じです。業務時間以外に、本を読み、いろんな人に会い、うまく仕事をしている人のやり方を観察して学び、自己投資をしなければ、先細りしてしまいます。

プロのスポーツ選手の場合、トレーニングと試合に費やす時間の割合は「4対1」程度と言われています。しかし、30代から50代のビジネスパーソンが1日のうち「学習・研究」に使う時間はわずか10分程度（総務省統計局、社会生活基本調査）。一般的なビジネスパーソンは毎日10時間程度仕事をしていると考えると、トレーニングと試合に費やす時間の割合は「1対60」となります。

多くの人が明らかに練習不足のまま試合に臨んでいるわけです。だからこそ、意識的に練習をしている人は際立った存在になることができます。

例えば、30代で頭角を現すビジネスパーソンは、20代で徹底的に勉強をし、仕事に集中した時期を経験しています。わたしの場合、今までの人生の中で一番熱心に勉強したのはアメリカに留学していた20代の半ばです。日中は学校で、帰ってからは自分の部屋で、文字通り「脇目も振らず」という感じで勉強ばかりしていました。

30歳までに独立するという目標に向け、ひたすらステップアップしたいという強い気持ちはあったものの、お金はなく、他にやることもなく、ただただ必死でした。そんなわたしにある日、クラスの先生が「人生をもっと楽しめ」と言ったことがあります。

しかし、自分にとってアメリカでの留学期間は遊びではなく、土台となるスキルを磨く投資だと思っていたので先生の言葉はまったく響きませんでした。人生を楽しむのはどこに出ても戦える能力を身につけた後にすればいいこと。**練習と試合と遊びの順番を間違えてしまうと、ライフスタイルそのものが崩れてしまいます。**

「量が質に変わる瞬間」を経験するまでは下積み時代

つまり、会社の外でも通用する人に共通しているのは、練習量の多さと練習への取り組み方を知っている点です。加えて、練習を積んでいる人は「量が質に変わる瞬間」を経験しているので、ますますトレーニングという自己投資に多くの時間を使うようになります。

例えば、イチローが「今日も練習しなきゃいけない。嫌だな」とぼやいている姿は想像がつきません。彼らプロのスポーツ選手は、もっとうまくなりたいという思いがあるから自らの意志で動きます。

ビジネスパーソンも同じで、もっと仕事ができるようになりたい、自分を高めたいという気持ちがあれば自然と勉強に時間を費やすようになるはずです。逆に、やらされ感を覚えながら本を読み、机に向かっているようでは意味がありません。

そういう意識のままではどんなに時間をかけても能力は伸びていかないからです。「やらされている」と「やりたい」の間にはとてつもなく大きな差があります。大前提として、練習をやりたいと思える自分でいること。それがなければ始まりません。

また、スポーツ選手にはコーチがいて練習プランを作り、管理やアドバイスをしてもらえますが、ビジネスパーソンにはコーチがいません。自分自身で勉強し、あなたを導くコーチになるしかないのです。

それができた時、あなたはどこに出ても成果を出せる力を備え、やらなくていい仕事を手放し、自由に働くことのできる人になっているはずです。

「なんでもやります!」という人ほど替えがきく

今後は、なんでもできるタイプの人ではなく、飛び抜けてこれができるというプロフェッショナルにならなければ活躍できない時代になっていきます。ただし、最初から飛び抜けた能力を持っている人はいません。プロフェッショナルとなるためには、誰もが段階を踏んでいるのです。

ですから、20代はあえて「なんでもできます」「なんでもやります」というスタンスを大切にしていきましょう。仕事は経験してみないとわからない部分が多いものです。雑務から何から経験していく中で、自分に合っている方向性、強みが見えてきます。

例えば、編集を志望して出版社に入った人が営業に回されて、現在は数々のベストセラーを支えるスペシャリストとなって活躍しているといったケースは多々あります。仕事の向き、不向きは自分ではわからないからこそ、最初はなんでもやる姿勢で取り組んでいくことです。

そして、自分にとっての「仕事」と「作業」は何かを区別し、「仕事」に労力を注いでいきましょう。というのも、与えられる仕事の中には、重要な「仕事」がある一方で、意外と多くの「作業」が交じっているからです。

「仕事」と「作業」を見分ける判断基準となるのは、「それが成果につながるか？」という視点。この視点を持たず、30代のステージに入っても作業をがんばることが仕事だと勘違いしてしまうと、「なんでもできます」「なんでもやります」というスタンスのまま、取り替えのきく人材になってしまいます。

つまり、ビジネスパーソンとしての地力をつけた後に、自分の「やらないことリスト」を作っていく必要があるのです。そして、自分にとって断るべき「作業」とやるべき「仕事」を取捨選択し、自分で仕事を作り出す能力を磨いていきましょう。

同じ力の同世代が2人並んでいた時、一方が「なんでもできます」「なんでもやります」というスタンスで、もう一方が「それはやりませんが、これなら負けません」というスタンスなら、上司は誰にでも頼めそうな仕事、作業量の多い仕事を前者に、専門性の高い仕事、刺激の多い仕事を後者に回します。

それが繰り返されるうち、後者は自分で選び取ったあるジャンルのプロフェッショナルに成長していき、前者はその会社の枠の中で通用するスキルを伸ばしただけという状態になっていくのです。

なんでもそろう百貨店よりも、こだわりの光る専門店が賑わっているように、人々は尖ったものに魅力を感じる時代になっています。この流れは働き方にも共通しています。ただし、「自分はこれはやりません」「これはやれます」というスタンスを取るということは、すなわち自己管理をしなければならなくなったということでもあります。

自由には自分をマネジメントする能力がセットになってこそ、価値が生まれるのです。

今後、求められるのは「これしかできません」という姿勢

誰にでも頼める仕事が安い労働力を求めて海外に流出していく流れは、今後も変わりません。企業が作業に分類される仕事をアウトソーシングするのは当たり前になっていて、「この人だからできる」「この人しかできない」というスキルを持っていない人はポジションを確保できない状況が迫っています。

さらに、オックスフォード大学の研究者などが指摘するように、今後10～20年のスパン

でコンピュータ技術の発達によって、さまざまな仕事が無人化されるようになります。

例えば「Google Car」に代表されるような無人で走る自動運転車が普及することによって、タクシーやトラックの運転手は仕事を失うことになるでしょう。また、現時点では高度な専門職だと考えられている通訳や翻訳の仕事についても、コンピュータによる同時通訳、自動翻訳技術の発達によって取って代わられていくはずです。

そういった近い将来に求められるのは、個人のクリエイティビティとオリジナリティです。

オリジナリティを育てるのは、「なんでもできます」ではなく、「これしかできません」という姿勢。自分がやらないことを決めていくことは、会社員にしろ、フリーランスにしろ、起業家にしろ、経営者にしろ、すべてのビジネスパーソンに必要なルールです。

まだ自分は力不足だと感じているのなら、まずはやりたいような仕事ができる自分になる努力を重ねることです。能力もないまま、やらないことリストを作っても状況は変わりません。受動的ではなく、能動的に自ら動ける人になりましょう。

第5章

「振り回されるほどのお金」を持たない

稼ぐよりも大切なお金の〝使い方〟

収入が増えてもお金が足りないという人は、稼ぎ方を知っていても「使い方」を知らない人です。じつは、日本ではお金に対する教育がほとんどなされないまま、大人になっていきます。

結果、貯金は大事と思っていても、貯めたお金をどう管理するのか。仕事をして稼ぐのは大事とわかっていても、稼いだお金をどう使うべきなのか。まさにお金の使い方について迷っている人がたくさんいます。

お金の使い方を知らないと、年齢を重ねても、収入が増えても、お金の苦労が途切れません。すると、お金に縛られ、幸せなライフスタイルを作ることもできません。

まず、**「お金を稼ぐ能力」と、「お金を持ち続ける能力」はまったく別のもの**です。

これがわかっていないと高年収＝豊かだと勘違いすることになります。現実には年収3000万円を稼ぎ、タワーマンションに住み、ローンで高級車に乗り、貯金はゼロという見た目だけのお金持ちがたくさんいます。

元々、お金持ちの家に生まれたのでなければ、彼らも学生時代や社会人1年目には家賃5万円、6万円の部屋で1人暮らしを始めたはずです。ところが、収入が増えるにつれ、いい部屋に引っ越し、移動は電車からタクシーになり、飲み食いする店も変わります。

そして、もっと稼がなければ足りないと考えるわけです。

この感覚のままでは年収がいくらになっても、浪費癖は変わりません。

つまり、どれだけ稼ぐ能力を高めても、使い方を知らなければお金はすぐに消えていくのです。

「どんなことがあっても生きていける」自信をつけるには

わたしは20代のうちに強制的にお金の使い方について工夫しなければ暮らせない時期を過ごしたことが、大きな財産になりました。

MBAを取るために新卒で入社した外資系企業を退職。その間も滞在費＋授業料でおよそ1000万円かかる留学資金を貯めるため、切り詰めた生活をしていましたが、渡米してからは完全な極貧生活でした。

というのも、自分で貯めた貯金だけでは足りず、借金までしての自費留学だったからです。同じ学校には企業派遣で来ている日本人の同級生もいて、暮らしぶりについて話すと唖然とされていました。

基本、1日の生活費は3ドル。マクドナルドのハンバーガーすら手の届かない贅沢品だったので、朝昼晩と食事はすべて手作りサンドイッチでした。

一番安いパンとハム、チーズ、卵、冷凍ハッシュポテトでひたすらボリュームを追求するわけですが、サルサソースを買ってきて「今日はマイルド、明日は激辛」といった感じで味にメリハリをつけるのが、ささやかなおいしさのための工夫でした。

また、通っていたのは砂漠が有名な壮大なる田舎アリゾナ州にあるビジネススクールで、クルマを持っていない学生はごく少数。わたしはその数少ない1人で、誰かに乗せてもらわなければどこへも行けない。行けないなら行かなきゃいいと思い、部屋で勉強ばかりしていました。

留学費用の貯金を始めた22歳から28歳でMBAを取るまで、まさに切羽詰まったサバイバル生活でしたが、ここが人生の転換点でした。

この時期に、「この先、どんなことがあっても、生活をやりくりできる」という自信を手に入れることができたのは、本当に大きな財産となっています。

お金は価値ある物やサービスにはしっかり使い、価値のない物やサービスに対しては使わない。選択するのはもちろん、自分です。だからこそ、ブレない使い方のルールを身につけなければならないのです。

どこまで稼いでもお金への「不安」と「欲求」が消えないワケ

質問です。あなたは「お金がいくらあったら安心ですか?」と聞かれたら、いくらと答えるでしょうか?

この質問に、**「今の倍欲しい」と答えてしまう人たちは、幸せな暮らしを実現するために自分のやるべきこと、やりたいこと、本当に必要なモノがわかっていません。**

人の金銭感覚についての研究によると、「お金がいくらあったら安心ですか」というアンケートを取ると、たいていの人は自分の持っている資産の2倍の額を答えるそうです。資産1億円の人は2億円、10億円の人は20億円と答え、どれだけ稼いでいる人であっても、お金を求める欲と失うことへの不安には限りがありません。

お金を使い、物を得て、他人から「すごい」「羨ましい」と認められる幸せが続く時間はわずかなものです。まさにあぶくのように弾けて、消えていきます。日本は今、物が売れない時代だと言われていますが、これは多くの人があぶくのむなしさに気づき、お金に対する満足度が変わってきていることの現れです。

新しい幸せの価値観に気づいた人たちはすでに、ライフスタイルを変え始めています。過剰なお金を追い求めて長時間働くのではなく、さまざまな体験を得て精神的な充足を得るため、労働時間を減らし、必要以上に働かない方向へシフトする。自分にとって何が必要なモノかを選択し、買いたい物を買えるかどうかを満足の基準とする。

そんなふうに考えることで、お金に振り回される状態から脱しているのです。

これは節約をして、我慢をしましょうという話ではありません。

自分のやるべきこと、やりたいこと、本当に必要なモノがわかっていれば、ムダなモノを買うためのお金は必要なくなります。「本当に必要なモノ」がわからないから、「本当に必要なお金」が見えてこない。だから、際限なくお金を欲しいと思い、どれだけ稼いでも不安が消えないのです。

目的を考えず、「欲しい、欲しい」と集めてしまうと、逆に不幸せになってしまいます。お金と幸せの関係を見直し、バランスを取り戻すためには「本当に何かが足りないのか？」と考えることから始めていきましょう。

お金は「3つ」に分けて考える

わたしは、お金の使い方を身につけるトレーニングとして家計簿をつけることを勧めています。身軽に生きるためには自分のお金の使い方を分析し、把握することが大切です。

ここで言う**家計簿はお金のやりくりのためのものではなく、お金の使い方の良い習慣を身につけるためのデータだと考えてください。**例えば、ダイエットをする時、食生活を記録し、1日の摂取カロリーを把握しなければ、カロリーコントロールを始めることができません。

お金の使い方のトレーニングも同じです。現時点でのお金の流れを把握しなければ、どこから改善していけばいいかが見えてきません。とはいえ、お金のやりくりのための家計簿ではありませんから、詳細な費目に分けたデータは不要です。

ポイントは、**支出を「投資」「消費」「浪費」の3つのカテゴリーに分けて記録していくこと。**そして、自分の使うお金が、「投資」「消費」「浪費」のどのカテゴリーなのかわかった上でお金を使う習慣をつけましょう。

「投資」はリターンがある使い方で、「消費」は使ってゼロになるものの、生活のために必ず使わなければいけないお金です。最後の「浪費」はムダ遣い。下手するとマイナスになる、なくてもいいモノに使ってしまう使い方です。

例えば、英会話スクールに通い、英語をマスターする。ジムに通って、個人トレーナーをつけて健康を維持する。知見を広めるために旅に出る。将来の自己投資のために節約して、貯金する。これらはすべて「投資」です。

授業料が少々高くとも、旅費がその月の家計を圧迫したとしても、そこで得た経験や知識が将来のあなたを大きく変えてくれます。持たない生き方にとっての正しいお金の使い方とは、ただ単にお金を手放すのではなく、自分への投資に使うことです。

一方、勉強する時間を確保するため、都心の職場の近くに引っ越す。最新のノートパソコンやスマホを購入する。約束の時間に間に合わせるためにタクシーを使う。こういった支出は「消費」です。浪費との違いは、出て行ったお金に見合った効果があること。費用対効果がしっかりとしていれば、それは浪費ではなく、消費になります。

ところが、多くの人は自分に対する投資や貯金を抑えて、「浪費」にお金をかけています。まだ十分に乗れるクルマがあるにもかかわらず、かっこいいという理由だけで新車に乗り換える。用もないのに出かけていったセール会場で、安くなっているからとブランド品を買ってしまう。計画も立てずに痩せたいからと深夜にネットショッピングでダイエットグッズを購入する。こういった使い方、買った瞬間から価値が落ちていくモノを選ぶのは、すべて「浪費」です。

使ったお金を管理する時は、これら3つの使い方にカテゴリー分けして記録しながら、できるだけ「浪費」をゼロに近づけていきましょう。

経験や体験にお金と時間をかけるライフスタイル

このトレーニングの目標は、お金を使うのをやめましょうということではありません。**ゴールは、広告やCMなどに影響された浪費中心のライフスタイルを作るのではなく、本当に自分にとって大切なもの、幸せにつながることにお金を使う習慣を作ることです。**

重要なのは自分の意志で選んでいくこと。

なかでも自分への投資を重視しているのは、世の中の状況に合わせて柔軟に収入源や生活、ビジネスのスタイルを変えていける強さを手に入れるためです。自由で流動性のあるシンプルなライフスタイルを実現するためには、真剣に自分の生活や人生を考えなければいけません。

日本では節約や質素という言葉にマイナスのイメージがあるため、浪費を減らすと聞くと節約を重ねて、我慢しながら質素に暮らすという印象を持つかもしれません。夢がなく、楽しくない、ワクワクしない暮らし。しかし、ここで言っている質素な暮らしは、物質的なムダを省いて、精神的には裕福な生活のことです。

物を得るために必死に働くのではなく、経験や体験にお金と時間をかけるライフスタイル。買った瞬間から価値が落ちていくモノには手を出さず、支出と収入の間にいいバランスを取りながら、自分自身を高めていくためにお金を使っていく。我慢しての節約ではなく、3つの使い方を意識しながら、自ら選び取った道としてお金の使い方をコントロールするのです。

人生の自由度を高める「右肩下がり」のライフプラン

住宅ローンや生命保険などの商品について銀行や生命保険会社などの窓口に相談へ行くと、「あなたのライフプラン」という図が登場します。家族構成の変化や結婚、退職といったイベントなどが書き込まれているのですが、その際、必ず収入に関してはゆるやかな右肩上がりのグラフになっています。

これは日本が右肩上がりの経済成長を見せていた時代には現実に沿ったものだったのかもしれません。しかし、今は一時的に給料がアップしたとしても、その後も徐々に増え続けていく保証のない時代です。

つまり、定期昇給をベースにした右肩上がりのライフプランに裏付けはなく、ただのイメージに過ぎないわけです。銀行が作ってくれたから大丈夫、ファイナンシャルプランナーが作ってくれたから安心だと思うのは、お気楽過ぎます。

例えば、住宅ローンを組む時、多くの人は給料が上がり続けることやボーナスがきちんと支給され、ローンの返済に充てられると見積もったプランを立てます。しかし、それがどれだけリスクのある選択か。右肩上がりのプランが崩れた時の責任は誰も取ってくれず、負債を背負い込み、自由を失うのは本人です。

なにより、そうした**右肩上がりのライフプランを立てたために、「今の年収を下げるようなことはできない」というのは、本当にもったいない働き方です。**

お金を稼ぐためにつまらない仕事を続けている、高収入や残業代をアテにしてカラダを酷使しても無茶な働き方を続けている……。

このような状態では、いくら会社に不満があっても辞めることはできませんし、「自分を成長させるチャンスがあるけれど、給料は下がる」といった思い切った選択をすることもできなくなります。そして、今いる会社の言いなりになるしかなく、仕事に対しては「やらされ感」が高まっていきます。

つまり、せっかく人生計画を考えても、それが「右肩上がり」を想定したものでは、戦略的に生きられるどころか、あなたの自由を奪うことになるのです。

だからこそお勧めしたいのは、右肩上がりではなく、「右肩下がり」のライフプランを立てておくこと。

将来的に収入が減っていくことを想定し、受け取っている給料の2割を最初から自己投資の資金として天引きしてしまう。そんな習慣を作っておくと、本当に右肩下がりが現実になった時も慌てずに対処することができます。なにより、今の会社に縛られず、自由に働き方を選ぶことができます。

お金を稼ぐのはとても大変なことですが、使うのも、失うのも一瞬の出来事です。だからこそ、わたしたちはお金の使い方を学び、トレーニングし、プランニングする必要があるのです。

毎月の生活費を半分にして生活してみる

自由な人生を手に入れるためのお金の使い方を学ぶために、もう１つ効果的な方法があります。

それは毎月の生活費を半分にして生活してみるというトレーニングです。

このトレーニングの狙いは節約ではありません。極端に減らした少ない予算の中で、いかに工夫して楽しく生きていくか。その訓練でもあり、自分とお金との関係を真剣に考える時間にもなります。

例えば、生活費として月20万円使っている人なら、これを10万円でまかなうようにしてみる。半分は極端だと思うかもしれませんが、変化が大きいほどトレーニングの効果は高まります。また、一生続くと思えばつらくなりますが、期間は半年、1年など自由に決めてかまいません。ゴールが見えていればゲーム感覚で創意工夫を楽しめるはずです。

生活費を半分にした生活を試して数ヶ月すると、**自ずと自分がいくらくらいあれば不自由なく暮らしていけるのかが見えてきます。**そのラインを把握できれば、今後、収入が増えていっても、「こうあるべき」に引っ張られず、ムダのない暮らしができるようになるはずです。

当然、1ヶ月の予算がわかれば1年間、3年間、5年間の必要額もはっきりします。そうやって長期的な視点を持って、お金の流れをつかめば、仮に「給料が1年間出ない。しかし、自分の成長につながる大きなチャレンジになりそうだ」というようなビジネスに踏み出すこともできます。

頭のいいお金の使い方というのは、節約し、切り詰めた暮らしのことではありません。お金にまつわる縛りから自分を自由にする生き方なのです。

他人が描いた「こうあるべき」像に引っ張られない

贅沢品のために働くというのは、本当にもったいない働き方です。

ローンで手に入れた高級車、リボ払いの高級腕時計といった買い物は「浪費」にカテゴライズされます。しかも、その支払いによってあなたを縛り付け、仕事や会社から逃げられなくしてしまうのです。

つまり、無理して贅沢品を手に入れるのは、生活の質を高めるどころか、あなたの自由を奪うことになるのです。

ところが、多くの人がこの罠にかかってしまいます。例えば、年収1000万円稼いでいる人の場合、これだけ稼げる自分はこんなクルマに乗っていなければいけない、こんな時計をしていなければいけない、こんな家に住んでいなければいけない、こんな服を着なければいけない……と、そんなふうに**誰かが作った「年収1000万円クラスのステージ」というイメージを追いかけてしまう**のです。

しかも、給料が上がるのに合わせて生活レベルも上げていってしまうので、貯金や自己投資へ回すお金は増えません。すると、その会社からの評価が変わった途端、収入を維持できなくなるリスクも高まります。

なぜなら、年収＝あなたの価値ではないからです。

会社から支払われる給料は「将来伸びていくだろう」という「期待価値」と、社会のニーズによって変動する「市場価値」で決まります。**会社員という働き方では、多くの人が自分の実態価値を上回るお金をもらっているのです。**

その実態を理解せず、給料＝実力と勘違いするのはとても危険なことだと思います。例えば、リーマンショックのような出来事が再び起きた時、一気に給料が下がり、会社が倒産する可能性もゼロではありません。

また、そこまでの劇的な変化がなくとも今の時代は、どんな大企業がいつ潰れるかもわからず、いつ自分がリストラの対象となってしまうかわからない不確実な状況です。

そんななかで人の描いた年収なりのステージに引っ張られること。稼いだら浪費するという古い価値観のままでライフスタイルを作ってしまうこと。それは自ら幸せを遠ざけるようなものです。

お金の流れを知ることは、生きる力をつけること

わたしはこれまでの本の中で、「やらされ感がなく、いきいきと働ける会社はたくさんある」「1つの会社組織に縛られなくてもいい」などのメッセージを発信しています。これは旧来型のスタンダードな働き方、生き方から自由になろうという提案でした。

しかし、いきなり「会社に縛られる人生はもう嫌だ!」「しがらみから自由になる!」と願って、急に会社を辞めてしまったら、あなたは逆にお金に縛られ、制約としがらみの多い人生を送ることになるでしょう。生活を維持する収入を得る方法、お金についての本当の知識を持たず、戦略なしに会社を辞めてしまうのは無謀な選択です。

わたし自身、会社員という働き方から離れた時、いかに会社に守られていたかを実感しました。会社の名前入りの名刺の力、会社を介した人間関係の築きやすさ、雇用保険などの福利厚生、仕事を行うにあたってのさまざまなリソース……。上司や先輩は無料でノウハウを教えてくれます。そしてなにより、生活を支えてくれる給料が毎月、自動的に振り

込まれること。

例えば、月収が40万円だったとして、そこから諸経費が引かれ、手取りが30数万円。会社を辞め、独立したとして月に40万円を継続的に稼ぎ出すのは大変なことです。

その点、会社員は終身雇用が崩壊していても、明日クビになることはまずありません。会社員というのは、金銭的にもそれだけ守られているのです。

もちろん、守られていることが悪いわけではありません。**大切なのは、自分が守られているということを自覚することです。**その自覚なしに、守られている状態が当然だと思ってしまうとサバイバル能力が身につきません。

将来的に独立するにしろ、リストラや倒産に備えておくにしろ、自分のいる環境や今のお金の流れについて知るのは大事なことです。なぜなら、会社から離れることの「本当のリスク」を知ることができるからです。リスクを冷静に見ることができなければ、万が一に備えることもできません。独立などのチャレンジをしても失敗するだけです。

お金の流れを知り、変化に対応可能な準備を整えておくことは、それだけで生きる力をつけることにつながるのです。

草食系をバカにする〝オジサン〟の未来が暗いワケ

すっかり言葉として定着した感のある「草食系」と呼ばれる若者たち。彼らは「物を買わない、旅行にも行かない、恋愛にも消極的で元気がない」と評され、「最近の若者は……」的に批判の対象となっています。

しかし、わたしは草食系という言葉の登場以来、悪いことではないと思ってきました。なぜなら、この現象は日本人の「幸せの価値観」が変わってきた証拠だからです。

経済大国の日本は裕福であるにもかかわらず、国民の幸福度はさほど高い方ではありません。一方、デンマークやスウェーデン、フィンランドなどの北欧は一貫して高い幸福度をキープしています。わたしは以前、北欧の人たちに「欲しいモノはなにか?」とインタビューしたことがありますが、その答えのほとんどが家族の幸せや健康、将来叶えたいことなどでした。

お金や物で心を満たすのではなく、人との関係性や経験によって充足していく。物質的な幸せよりも、経験的、精神的な幸せを選び取っている姿勢を知り、いろいろと考えさせられたのを覚えています。

特に日本には、欲求を満たす選択肢があまりにもたくさんありすぎて、わたしたちは自ら混乱しているように見えます。じつは選択肢の少ないことで人は豊かになり、シンプルな思考を得られるのかもしれません。

その点、草食系の若者たちは物欲もなく、しっかりと貯金をし、自分のライフスタイルを重視するというシンプルな思考で生きています。彼らはそういう姿勢を誰に教わったわけでもありません。また強く意識してそうなったわけでもないでしょう。

若い世代はいつの時代も環境の変化に合わせて進化していくのです。彼らは、一生懸命働き、お金を稼ぎ、物をたくさん買ってきた親世代の生き方が、さほど幸せではないことに気づき始めています。そんな彼らを「草食系は欲もないし、やる気もない。けしからん」とバカにする発想は、環境の変化に対応できていない証拠です。批判し、否定する前に「なぜ、そうなっているか?」を考えなければいけません。

時代は常に変化しています。特にお金を巡る幸せの価値観は大きく変わりました。**変化にいち早く対応するのは、いつも若い世代です。彼らは批判の対象ではなく、学ぶべき対象なのです。**

リーマンショック前のアメリカ人を狂わせたお金のマジック

目的を考えず、「欲しい、欲しい」という欲求に国全体が傾いていたのが、リーマンショック前のアメリカです。

あの頃は、多くのアメリカ人が不動産を買えば絶対に値上がりし、儲かると信じ込んでいました。ちょっと日本の80年代のバブルに近い状況です。買えば必ず上がるのだから、買わなければ損……。銀行やローン会社はそんなふうに煽り、本来ローンを返済する余力のない人にまでお金を貸し付け、一生働いても返せないような家を買わせていました。

囁かれていた殺し文句は「仮に払えなくても売れば儲かります」で、さらに異常だったのは住んでいる家のローンを支払っている人たちが、その家を担保にしてさらにお金を借り入れていたことです。

そのお金で**「大きな家を買ったのだから……」「人生とは今を楽しむものだ」と、空間を埋めるように大きなテレビを買い、ソファを買い、家具を買い、家電製品を揃える。**

駐車場には大型のＳＵＶ、人によってフルローンでヨットまで手に入れていました。

まさにアメリカ式の物質至上主義が花開いていたわけです。

しかし、結局のところはすべてが借金でした。不動産価格が永遠に右肩上がりの成長を続けていれば、辻褄も合っていたのでしょうが、ご存知のとおりバブルは弾けます。こうして借金を自分のお金だと勘違いしていた人たちは、一気にすべてを失いました。

これでアメリカ人も懲りたかと思いましたが、変わったのは一部の層だけのようです。

最近、改めてアメリカ人の感覚に驚かされたのは、ハワイでクルマを運転している時に流れてきたラジオCMでした。

「俺、クルマ買っちゃった！」から始まるCMは、「え！　あんたバッド・クレジットだったんじゃなかったっけ？」「いや、オートローンという会社が、貸してくれたんだよ！」と続き、最後は「クレジットヒストリーが悪く、他社で断られた人もOKです。うちに来てください、すぐ貸し出します」と。

普通、クレジットヒストリー（信用情報）が悪い人は「返済能力のない人」とみなされ、お金を借りることはできません。しかし、本来お金を借りれないような人にまでお金を貸し、身の丈以上の物を買わせる業者が再び元気になってきている……。過去から学ばない限り、お金と幸せのバランスは崩れたままです。

ローンという体のいい借金に隠された「本当の」リスク

ある程度の年齢になったらマイホームを構える……。あなたは、そんな考えを持っているでしょうか？　ここ数年、東京ではマンションの建築ラッシュが続き、メディアではあいかわらず持ち家派、賃貸派のどちらが得かという比較が繰り返されています。

過去を振り返った時、日本人が最も大きなお金をかけてきたのは衣食住の「住」です。気づけば35年の住宅ローンを抱え、いつの間にか自分の月収の3分の1がその返済に充てられている。1つの場所に住み続けることを人生の早いタイミングで決めてしまい、ローンを返すために働いている。**消費が先にあり、その額によって住む場所が固定され、返済のために自分の人生の大まかなストーリーラインが決まってしまう……。**

もちろん、家を買うことは否定するつもりはありません。

しかし、わたしは日本の住宅ローンはものすごく怖いものだと思っています。

多くのビジネスパーソンが、フラット35を筆頭とした長期で低金利の住宅ローンを組みます。不動産会社の営業マンは「金利１％の今、買わなきゃ損だ」と勧めてきますが、買わなきゃ損かどうかを決めるのは金利ではなく、住宅を買う本人のはずです。

その際、35年後の変化についてはどう考えているのでしょうか。本人の年齢、健康状態、仕事、あるいは住宅そのものの価値や周辺環境。すべてが変わります。

しかも、日本ではよほど良い立地の物件を選ばない限り、土地の値段は変動し、古くなった建物の価値は急激に下がり、ゼロに近くなってしまいます。持ち家を手に入れた人は自分の住まいを資産だと考えますが、10年後も20年後も資産価値を維持しているかどうかはわかりません。

また、銀行が住宅ローンを認めてくれることと払えるかどうかは別問題です。40歳で購入し、最終支払年が75歳。たしかに40歳時点の稼ぎがしっかりしていれば、住宅ローンの審査は通ります。しかし、幸運に恵まれ、65歳の定年まで勤め上げられたとして、その後の支払いはどのようにまかなうのでしょうか。

このように本来は購入時に十分な吟味が必要な重大な決断にもかかわらず、ほとんどの人は一生に一度の買い物を不慣れなまま、勉強不足のままで他人のオススメに従い、決めてしまいます。

意思決定に自信を持つために、アドバイザーの意見を求めるのは悪いことではありません。しかし、決めるのはあくまでも自分自身というのが意思決定の大前提です。

特に大きなお金を動かすことになる場合、「あの時、あの人が勧めてくれたから決めたのに」となっても誰も助けてはくれません。思考停止こそ、最大のリスクです。**自己責任だと当事者意識を持つからこそ、真剣な比較検討を行うことができ、正しい答えにたどり着くことができるのです。**

住まいに対する自分なりのコンセプトを確立する

わたしは、2015年『脱東京 仕事と遊びの垣根をなくす、あたらしい移住』という本を出しました。

その取材で東京から各地方へ移住した感度の高い人たちの話を聞いてみると、それぞれが、「自分にとって幸せを感じる暮らしとはなにか?」を追求し、大量生産、大量消費の持ちすぎる暮らしから抜け出すことを選択していました。

移住という選択まではできない人も、例えば、都心のオフィスへの近さではなく、海の側で暮らしたいといった、ライフスタイルを作る上で重要な体験を重視することはできます。東京を起点に考えれば、千葉県の房総を住まいにすることで、住宅価格は都心部の5分の1程度になります。

あるいはもう一歩踏み出して、仕事の時だけ都心部で働き、週末はライフスタイルにあった生活が送れる地方に住むというデュアルライフも選択可能です。家を2つ持つとなると、かなりのお金がなければできないと思いがちですが、都心部と地方のリビングコストの差を分析すると、決して無理な選択肢ではありません。

重要なことは、住まいに対する自分なりのコンセプトを確立することです。

何を持ち、何を持たないいか。身軽に生きるための原則は、衣食住の「住」に関しても変わりません。満員電車に揺られて会社へ通わなければならない通勤圏内の都心に、35年ローンで数千万円の家を買う意味が本当にあるのかどうか。じっくりと考えてみることから始めていきましょう。

おわりに――「人生で本当に大切なこと」は何？

わたしたちが、これからの時代を生きていく上で、ぜひ知っておいてほしい人たちがいます。それは、日本酒の世界で働く人たちです。

日本酒の世界では今、過去の酒造りとは一線を画した蔵元が挑戦的な酒を造り、評価を高めています。中心となっているのは20代、30代の杜氏たち。彼らは改めて酒造りを自分たちで勉強し、伝統の壁に風穴を開け、新しい日本酒を世に送り出しています。

その最初の成果がブームとなって表れたのが、獺祭でした。

蔵元の旭酒造はベテランの杜氏たちが経験と勘で進めていた酒造りのブラックボックスを見える化し、若い杜氏を活用して成功しました。

今や日本各地で獺祭に続くすばらしい日本酒造りを行う若い杜氏が増え、日本酒は70年代以来のブームになっています。

酒造りは年1回だけです。失敗したら次の1年まで試行錯誤しなければいけません。そのプレッシャーの中で革新的な方法を試していく姿勢。これは4年に一度のオリンピック出場を目指し、競技を続けるアスリートに似ているかもしれません。

オリジナリティを発揮し、矢面に立ち、賞賛も酷評もすべて受け止める。絶対的だとされていた常識や慣習を捨て、自ら考え、ブレイクスルーしていく姿勢はわたしたち全員が学ぶべきものです。

わたしは「人生は壮大な実験だ」と書きました。また、「他人の目を気にしていても意味がない」とも書きました。それはいずれも、自分で考えることの重要性を伝えるメッセージでした。

わたしが人生で大切にしている点は次の4つです。

- **自分で考え続けること**
- **過去の常識をリセットすること**
- **実験をし続けること**
- **少しの勇気を持つこと**

本書ではここまで「持たない生き方」について、さまざまな考え方や手法をお伝えしてきました。しかし、どれがあなたにとって役立つかはわかりません。大事なのは「自分にどう落とし込むか」と考えながら、実践し、取捨選択していくこと。

「何を捨て、何を残すか」。その選択が、あなたらしい人生を形作っていくのです。

編集協力…佐口賢作
本文デザイン…山内宏一郎

青春新書
INTELLIGENCE

こころ涌き立つ「知」の冒険

いまを生きる

"青春新書"は昭和三一年に――若い日に常にあなたの心の友として、その糧となり実になる多様な知恵が、生きる指標として勇気と力になり、すぐに役立つ――をモットーに創刊された。

そして昭和三八年、新しい時代の気運の中で、新書"プレイブックス"にその役目のバトンを渡した。「人生を自由自在に活動《プレイ》する」のキャッチコピーのもと――すべてのうっ積を吹きとばし、自由闊達な活動力を培養し、勇気と自信を生み出す最も楽しいシリーズ――となった。

いまや、私たちはバブル経済崩壊後の混沌とした価値観のただ中にいる。その価値観は常に未曾有の変貌を見せ、社会は少子高齢化し、地球規模の環境問題等は解決の兆しを見せない。私たちはあらゆる不安と懐疑に対峙している。

本シリーズ"青春新書インテリジェンス"はまさに、この時代の欲求によってプレイブックスから分化・刊行された。それは即ち、「心の中に自らの青春の輝きを失わない旺盛な知力、活力への欲求」に他ならない。応えるべきキャッチコピーは「こころ涌き立つ"知"の冒険」である。

予測のつかない時代にあって、一人ひとりの足元を照らし出すシリーズでありたいと願う。青春出版社は本年創業五〇周年を迎えた。これはひとえに長年に亘る多くの読者の熱いご支持の賜物である。社員一同深く感謝し、より一層世の中に希望と勇気の明るい光を放つ書籍を出版すべく、鋭意志すものである。

平成一七年　　　刊行者　小澤源太郎

著者紹介
本田直之〈ほんだ・なおゆき〉
レバレッジコンサルティング株式会社代表取締役。シティバンクなどの外資系企業を経て、バックスグループの経営に参画し、常務取締役としてJASDAQ上場に導く。現在は、日米のベンチャー企業への投資育成事業を行う。ハワイ、東京に拠点を構え、年の半分をハワイ、3ヶ月を日本、2ヶ月をヨーロッパ、1ヶ月をオセアニア・アジア等の国を旅しながら、仕事と遊びの垣根のないライフスタイルを送る。これまで訪れた国は50ヶ国を超える。著書に、レバレッジシリーズをはじめ、「脱東京　仕事と遊びの垣根をなくす、あたらしい移住」等があり、著書累計250万部を突破し、韓国・台湾・中国で翻訳版も発売。

何《なに》を捨《す》て
何《なに》を残《のこ》すかで人生《じんせい》は決《き》まる

青春新書
INTELLIGENCE

2016年 4 月15日　第 1 刷

著　者　本《ほん》田《だ》直《なお》之《ゆき》

発行者　小澤源太郎

責任編集　株式会社プライム涌光
電話　編集部　03(3203)2850

発行所　東京都新宿区若松町12番 1 号 〒162-0056　株式会社青春出版社
電話　営業部　03(3207)1916　振替番号　00190-7-98602

印刷・中央精版印刷　製本・ナショナル製本

ISBN978-4-413-04481-3

こころ涌き立つ「知」の冒険！

青春新書
INTELLIGENCE

個人情報 そのやり方では守れません	武山知裕	PI・410
名画とあらすじでわかる！ 旧約聖書	町田俊之［監修］	PI・411
専門医が教える 「腸と脳」によく効く食べ方	松生恒夫	PI・412
バカに見えるビジネス語	井上逸兵	PI・413
仕事で差がつく根回し力	菊原智明	PI・414
図説 絵とあらすじでわかる！ 日本の昔話	徳田和夫［監修］	PI・415
「大増税」緊急対策！ 消費税・相続税で損しない本	大村大次郎	PI・416
やってはいけない頭髪ケア 指の腹を使ってシャンプーするのは逆効果！	板羽忠徳	PI・417
英語リスニング 聴き取れないのはワケがある	デイビッド・セイン	PI・418
名画とあらすじでわかる！ 新約聖書	町田俊之［監修］	PI・419
安売りしない「町の電器屋」さんが繁盛している秘密	跡田直澄	PI・420
その日本語 仕事で恥かいてます	福田 健［監修］	PI・421
文法いらずの「単語ラリー」英会話	晴山陽一	PI・422
孤独を怖れない力	工藤公康	PI・423
血管を「ゆるめる」と病気にならない	根来秀行	PI・424
戦国史の謎は「経済」で解ける 「桶狭間」は経済戦争だった	武田知弘	PI・425
浮世絵でわかる！ 江戸っ子の二十四時間	山本博文［監修］	PI・426
痛快！ 気くばり指南 「親父の小言」	小泉吉永	PI・427
なぜ一流ほど歴史を学ぶのか	童門冬二	PI・428
Windows《ウインドウズ》8.1はそのまま使うな！	リンクアップ	PI・429
比べてわかる！ フロイトとアドラーの心理学	和田秀樹	PI・430
名画とあらすじでわかる！ 美女と悪女の世界史	祝田秀全［監修］	PI・431
「疲れ」がとれないのは糖質が原因だった	溝口 徹	PI・432
私が選んだ プロ野球10大「名プレー」	野村克也	PI・433

お願い ページわりの関係からここでは一部の既刊本しか掲載してありません。折り込みの出版案内もご参考にご覧ください。